社区应急响应能力
基础培训教程

Community Emergency Response Team
(CERT) Basic Training Course

编　译　曲国胜　杨文龙　常晓阳　吴　晨

首次扫描二维码安装加阅 App，安装成功并注册后，点击"扫一扫加入我的书架"即可获取本书更丰富资源！

北京交通大学出版社

·北京·

图书在版编目（CIP）数据

社区应急响应能力基础培训教程/曲国胜等编译 . —北京：北京交通大学出版社，2016.10

ISBN 978-7-5121-3055-5

Ⅰ. ①社… Ⅱ. ①曲… Ⅲ. ①社区-突发事件-应急对策-教材 Ⅳ. ①C916.2

中国版本图书馆 CIP 数据核字（2016）第 223958 号

社区应急响应能力基础培训教程

SHEQU YINGJI XIANGYING NENGLI JICHU PEIXUN JIAOCHENG

责任编辑：陈跃琴 　　　助理编辑：陈可亮

出版发行：北京交通大学出版社　电话：010 - 51686414　http：//www.bjtup.com.cn
　　　　　北京市海淀区高梁桥斜街44号　邮编：100044

印　刷　者：北京艺堂印刷有限公司

经　　　销：全国新华书店

开　　　本：170mm×235mm　　印张：16.25　　字数：216千字

版　　　次：2016 年 10 月第 1 版　2016 年 10 月第 1 次印刷

书　　　号：ISBN 978-7-5121-3055-5/C·186

定　　　价：98.00 元

本书如有质量问题，请向北京交通大学出版社质监组反映。对您的意见和批评，我们表示欢迎和感谢。

投诉电话：010-51686043，51686008；传真：010-62225406；E-mail：press@bjtu.edu.cn。

编译委员会

主　任：曲国胜

执行主任：杨文龙

副 主 任：

常晓阳　吴　晨　宁宝坤　陈柳婷

曹　蓉

编　　委：

李向辉　赵　贺　黄金池　徐凯文

付　锐　杨　荷　李芳泓　张　波

郝珊立　陈思羽　王飓风　许振宇

孟　蕾　武　勇　冯　宇　谢瑗泽

吴立新　冯俊华　李文波

Paul BENYEDA　Brenda EMRICK

Wilson LEE　Dominic MARZANO

Suu-Va TAI　Jacob VAWTER

Dante RANDAZZO

前　言

    1985 年美国洛杉矶消防局提出了社区应急响应队（Community E-mergency Response Team，CERT）的概念，并推出相关培训以应对地震的威胁。他们认识到在发生重大破坏性灾害早期阶段，民众很可能只能依靠自身的力量进行自救和互救。因此，让民众掌握一些应对灾害的基本技能，有助于在专业响应人员到达前开展自救和互救。

    其后，洛杉矶消防局开创的培训模式很快被美国其他消防局采用。在此基础上，美国联邦应急管理署（FEMA）1994 年扩充了培训的内容，使之适用于多种灾害，并在全国推广社区应急响应队项目。此后，数以千计的专业培训师、组织机构和普通民众通过培训项目学习了新技能，为有效应对灾害做了充分的准备。

    经过 30 多年的发展，作为各地政府应急响应体系的基层支撑细胞，社区应急响应队（CERT）已在美国及相关国家和地区得到迅猛发展。目前全球已发展到 3 700 多个 CERT 项目，每年在美国约有 400 个社区应急响应队项目，约 850 名教官参与培训；每年约有 1 000 次社区应急响应能力基础培训，约合 25 000 人受训；每年约有 10 次社区应急响应队师资培训和约 3 次社区应急响应队管理者培训。

    近年来，社区应急响应队应对各类灾害的经验表明，建立社区应急响应队、提升基层应急响应能力是在遇到突发性事件和灾害时，社区有效开展自救、互救的重要措施和技术手段。为提升中国社区的灾害应对能力，"社区灾害风险管理项目"于 2015 年启动。项目由美国国际发展署海外灾害援助办公室资助，亚洲基金会组织实施，中国地震应急搜救中心邀请美国联邦应急管理署专家提供技术支持，北京大学数字减灾与应急管理研究中心作为中方专家支持机构开展示范项目的具体实施并组织后期项目的推广和运行。该培训项目得到了成都市人民政府应急管理办公室、陕西省人民政府应急管理办公室和陕西省应急管理研究院的大力支持，并被中国和美国政府列入第七轮中美战略与经济对话框架下战略对话具体成果清单。

2015年8月在四川省成都市举办了首期社区应急响应队师资培训，通过FEMA社区应急响应队师资培训专家团队的现场讲授、学员的学习反馈和中方专家组的评估，同时考虑到美国社区灾害的风险分类和建筑物的分类与中国有所不同，社区的灾害类型和风险程度也不同，因此对基于FEMA的社区应急响应队培训课程进行了适用性调整。全套课程包括社区应急响应能力基础培训、师资培训和项目管理者培训三个模块。

本课程为社区应急响应能力基础培训，针对社区应急响应人员、志愿者，以及开展社区应急响应人员培训的教官和项目管理者开设。本教程将教授如何开展社区应急响应能力的基础培训，包括绪论、备灾、消防安全与设施控制、灾害医疗行动（第Ⅰ部分）、灾害医疗行动（第Ⅱ部分）、简单搜索和营救、队伍建设和组织架构、灾后心理疏导、洪灾应对，以及课程回顾、结业考试和灾害模拟演练等内容。其目的是通过培训和模拟演练，使社区志愿者成为社区应急响应队的一员，在突发性灾难和灾害发生后至专业救援队队员抵达前，能引导和组织社区公众有效开展自救互助和前期处置，从而有效地减轻灾害造成的损失。

我们相信，通过社区应急响应队项目在中国不同地区的不断示范和试点应用，课程体系将不断得到改进，将使课程越来越适用于中国国情，形成本土化的中国社区应急响应队培训课程。这还需要各位学员、教官和专家的共同努力，方能为推动中国的社区减灾并提升社区的抗灾能力提供有效支撑！

　　本课程适用于城镇型社区、乡村型社区、园区型社区、企业型社区和校园型社区等社区应急响应能力建设和培训。

"社区灾害风险管理项目"项目组

2016 年 8 月

目　录

第1单元

绪论

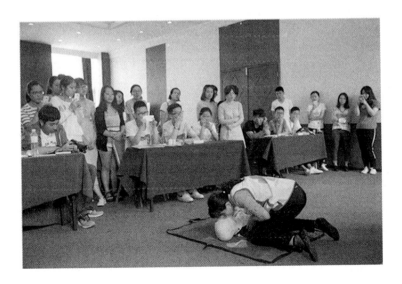

1.1 概　述

中国幅员辽阔，由于受地质和气候条件复杂多样的影响，自然灾害、事故灾难、公共卫生事件和社会安全事件四类突发事件频发，是全球自然灾害最为严重的国家之一。其主要特点是：灾害种类多；分布地域广；发生频率高；造成损失重。尤其是地震、洪（涝）水、干旱、台风、滑坡、泥石流等自然灾害已经严重制约了社会经济的发展，例如1920年宁夏海原8.5级地震（28.8万人遇难）、1976年河北唐山7.8级地震（24.2万人遇难）和2008年四川汶川8.0级地震（超过8.7万人遇难，37.4万人受伤，1 500万人失去家园）。

随着社会经济的高速发展，自然灾害和安全生产等灾害风险依然存在，且呈上升趋势。因此，积极开展灾害风险评估、备灾、提升抗灾能力和加强应急管理等举措，可有效降低因灾害而导致的财产损失，并最大限度地减少人员伤亡。

1. 中国应急救援发展概述

1966年邢台地震以来，中国政府极为重视防灾减灾，开展了灾害的监测预报、灾害防御和应急救援。50年来的努力已经取得了一批重要成果：1989年成立了三部委（科技部、发改委和经贸委）自然灾害综合研究组，推动了我国对自然灾害及其风险的研究，奠定了我国自然灾害及其对策研究的基础；1989年中国海上搜救中心成立，2001年中国国际救援队成立，2002年民政部国家减灾中心成立，2004年中国地震应急搜救中心成立，2006年国家安全生产应急救援指挥中心成立。这些组织机构推动了不同灾种和行业应急救援的长足发展，尤其是2003年非典型性肺炎（SARS）爆发之后，中国政府更是加强了应急管理体制建设。2006年正式成立了国务院应急管理办公室，并相继成立了各省市（区）县应急管理办公室，形成了中国特有的灾害应急管理体制、机制、法制和预案体系（一案三制），有力推动了中国应急管理体系的发展。

中国的灾害应急管理由各灾种的应急主管部门各负其责。民政部承担组织和协调救灾，监督和发布灾害信息，管理和发放救灾资金及中央政府物资，并监督使用的工作；水利部负责保障水资源的合理开发利用，拟订水利战略规划和政策，起草有关法律法规草案，制定部门规章，组织编制国家确定的重要江河湖泊的流域综合规划、防洪规划等重大水利规划，洪水、干旱等灾害监测预警、防御和应对等；中国地震局负责对地震和火山进行监测预警、震害防御和应急救援，参与组建中国国际救援队并实施国际人道主义救援；中国气象局负责气象灾害的监测，以及对灾害天气进行预报和发布信息；国家海洋局负责海洋灾害的监测预警、防御和应对；国土资源部负责地质灾害（滑坡、泥石流等）的监测预警和应急响应；武警交通、水电、森林和黄金部队肩负重大突发事件下的道路、桥梁和隧道、大坝和堰塞湖等的紧急抢修保通、危险源治理、森林灭火和抢险救灾等使命；公安部消防局负责各类火灾、危险化学品，以及城市各类灾害的救援处置等。

汶川特大地震发生时，我国政府启动了国家动员机制，约 100 支专业救援队和 13 万人的军队和武警参加了救援行动，在巨大的灾难和恶劣的环境下全力快速展开生命救援、灾民安置和恢复重建工作。汶川地震后几年是中国救援力量大发展的阶段，各类专业化救援队应运而生，如消防、矿山、危化、地震、武警、海上搜救等救援队，以及大量的志愿者救援队快速组建，人们意识到地方救援、第一响应和社区基层救援组织在突发事件的早期处置中起到了越来越重要的作用。

近年来，中国针对灾害及突发事件制定了《中华人民共和国突发事件应对法》（2007 年 11 月 1 日施行）、《中华人民共和国防洪法》（1998 年 1 月 1 日施行）和《中华人民共和国防震减灾法》（1998 年 3 月 1 日施行）等一系列相关法律法规。

2. 中国突发事件紧急应对的现状

与发达国家相比，中国在自然灾害等四类突发事件的应对与处置方面还存在较大差距，其中的核心差距在于基层应急救援能力较为薄弱。中国政府在过去的 10 年中建立了自中央政府到县级政府的完整的政府灾害应急响应体系，但作为政府管理最小行政单元的社区（乡镇、企业等基层行政单元），由于涉及量大面广，加之不同地区不同地理环境和条件下灾害种类及其风险不同，目前还没有建立起系统的灾害应对体系，缺乏相应的法律法规，缺乏系统的社区灾害应对培训体系来管理并指导社区志愿者如何应对突发事件。

3. 社区减灾与应急能力提升

关于社区类型，按社区的行政区划、生产生活方式、备灾手段、防灾措施等不同而对社区进行分类如下：

● 以街道办事处为基本单元进行建设的为**城镇型社区**；

● 以乡（镇）为基本单元进行建设的为**乡村型社区**；

● 以县级以上政府批准设立的工业园区（经济技术开发区）为基本单元进行建设的为**园区型社区**；

● 以企业为基本单元进行建设的为**企业型社区**（此处企业是指规模较大、生产经营系统相对独立、完整且同时具有自主管理的生活服务设施和家属住宅区的企业）；

● 以中小学中心学区、高级中学、大专院校为基本单元进行建设的**校园型社区**；

● 以上述五种类型以外的社区为基本单元进行建设的均为**其他型社区**。

研究表明，基层组织和社区内的企事业单位、学校、商业机构、医院、宗教场所等机构若能进行备灾及应急培训和演练，那么在灾害来临时将会减轻灾害的损失，提升社区的抗灾能力，进而有效构建减灾韧性社区。

基于社区的备灾规划可使人们能有效地应对灾后预期的干扰，并对潜在风险隐患做好准备和响应。通过灾前的规划，以及社区和工作地点的备灾计划，可有效减少人身伤害和财产损失。社区备灾将增强个人和社区的灾害应对能力，减少各类灾害损失并提升社区的抗灾能力。

4. 社区应急响应队项目

社区应急响应队项目旨在培训个人使其成为帮助社区做好有效灾害响应准备的资源，通过对社区风险源的识别、备灾、消防安全与设施控制、灾害医疗行动、简单搜索和营救、队伍建设和组织架构、灾后心理疏导、洪灾应对等模块的构建，来实现对社区突发事件的有效应对，使社区能更好地备灾，也更安全，更具抗灾能力。

1.2　当灾害发生时

地震、滑坡、泥石流、台风和洪水等自然灾害，以及爆炸、危险物品事故等突发事件导致的损害，会影响社区的各个方面，包括政府服务、私营企业及民众活动等。这些灾害及事件可能：

● 严重限制或超越现有的响应资源、通信、交通和公共事业处置能力；

● 使许多个人和社区与外部支持隔绝。

受损的道路和中断的通信系统可能限制应急响应机构进入严重受影响的区域。因此，在发生灾害后最初的时间里（长达3天，甚至更久），个人、家庭和社区可能需要依赖自身以下几个方面的资源进行自救：

● 食物；

● 水；

● 医疗急救；

● 避难所。

在最初的这个阶段，个人准备、规划、幸存技能，以及社区和工作场地内的互助，对于应对灾害的后果是必不可少的措施。今天每名学员所做的准备工作，对自身幸存的概率和安全有效地帮助别人的能力会有重要影响。如果能了解自己所在社区可能存在的灾害隐患和社区的应急计划和方案，理解针对特定隐患的保护行动和响应技能，以及减少家中的潜在隐患，在面对任何突发事件时都会更具韧性。这样的学员会成为家庭、单位、校园和社区其他成员的重要资源和依靠。

1.3 关于社区应急响应能力基础培训课程

遇到紧急情况时，如果能够获得应急响应专业人员的帮助是再好不过的，因为他们是受到最好培训和最具备条件的人员。不过，发生重大灾害后，由于受影响的区域面积大，以及通信中断和道路不通，受灾社区在一定时间内可能要依赖自己的救援力量。

社区应急响应队及其成员的首要任务是在突发事件发生后的较短时间内（专业救援队抵达灾区前的 0.5～2 小时）快速开展自救、互救，在能够自救和保护自己的前提下，先救家人、邻居，再共同组织完成社区应急响应队的各项先期应急响应与处置任务。

社区应急响应能力基础培训的目的是帮助学员在发生破坏性灾害时，能帮助自己和帮助别人。因为应急响应专业人员无法立即帮助所有人。这项培训涵盖在发生灾害后，应急服务还无法获得时，人们需要了解的基本技能。通过培训和练习，并作为团队一起合作，在灾害发生后，能够保护自己，为最多人做最有益的事情。

社区应急响应队的能力建设需要通过对社区灾害风险类型的识别、队员和管理者的培训、队伍的演练、复训与多次演练等才能实现。

1.4 社区应急响应队的运作

根据主办机构制定的标准运行程序（SOP），每个社区应急响应队在组建和进行培训时，应选择一名队长和一名后备队长，并确定发生灾害时使用的碰头地点或集结区。

集结区是消防部门和其他服务部门与社区应急响应队互动的地方。在集中的一个地方接触，使更有效地沟通、进行损害评估和分派志愿者资源成为可能。这对所有的社区应急响应队都是如此，不论是在社区、工作场所、校园，还是其他地点。

灾害导致的损害在各个地点可能差别很大。在一场实际灾害中，应逐步和根据需要调用社区应急响应队。社区应急响应队成员应首先学会评估自己的需要，以及身边和周围环境的需要。

社区应急响应队成员在自己周围区域没有发现其他需要的话，应到集结区报告，根据该地区总体的需要，接受分派的任务。发现自己处于严重受影响地点的社区应急响应队成员，应派送信人迅速去集结区，从现有资源获得帮助。也可以用业余电台和其他电台来提高沟通能力和协调能力。

社区应急响应队项目能提供有效的第一响应能力。经过培训的社区应急响应队队员首先作为个人，然后作为团队的成员，能在分派的区域铺开，扑灭初期火灾，在受损的住宅关闭天然气，开展简单搜索与营救，以及提供基本的医疗救治处理。同时，社区应急响应队成员也作为正式的应急响应人员的有效"耳目"。经过培训的志愿者也是重要的潜在应急人员，可为避难所支持、人群控制和撤离等需求提供服务。

1.5 课程概述与目标

社区应急响应能力基础培训能够向完成这个课程学习的学员提供在灾害发生后对社区的立即需要做出响应的基本技能。社区应急响应队成员在工作时，能使用本课程的基本技巧，协助挽救生命和保护财产。本课程的目标受众是希望获得灾害准备和响应技能与知识的学员。

在完成本课程学习时，学员将能够：

（1）描述最可能影响住宅、工作场所和社区的各类隐患；

（2）采取步骤使自己和家庭做好备灾准备；

（3）描述社区应急响应队的职能，以及其在应急响应中的作用；

（4）识别和减少家庭、工作场所和社区里的潜在火灾隐患；

（5）组成一个小组，使用基本的灭火策略、资源和安全措施扑灭火盆里的火；

（6）应用开放气道、控制过度流血和治疗休克的技巧；

（7）在模拟灾害的情况下开展检伤分类；

（8）对受伤者进行从头到脚的评估；

（9）选择和设立医疗区；

（10）对各种伤情进行基本的医疗处理，对怀疑的骨折和扭伤，会使用夹板固定；

（11）对潜在的搜救情形，确定规划和评估要求；

（12）描述搜索一个建筑物的最常用技巧；

（13）组成一个团队，使用安全的技巧移除建筑碎片和解救受困者；

（14）描述在搜救行动中保护救援人员的方法；

（15）描述灾害后的情感环境，以及救援人员可以采用的减轻自己和灾害幸存者压力的步骤；

（16）描述社区应急响应队组织机构和文件记录要求。

此外，除了上述课程总体目标外，每个单元还有具体的目标。

1.6 课程表

请注意，为了讨论一个社区特定的隐患，以及使所有学员能参与本课程的演练部分，授课时对课程表可能会做一些必要的调整。

培训单元	主　题
备灾	简介和单元概述 社区备灾：职责与分工 灾害的要素及其对基础设施的影响 家庭备灾与工作场所备灾 通过减灾措施降低灾害的影响 社区应急响应队的灾害响应 对施救人员的保护 社区应急响应队成员的其他培训 单元小结 作业 附加材料
消防安全 与设施控制	简介和单元概述 火灾基础知识 火灾和设施安全隐患 社区应急响应队评估 火灾评估的注意事项 决定是否使用灭火器扑救火灾 灭火器材 火灾扑救中的安全防护 练习：扑救初期火灾 单元小结 作业
灾害医疗行动 （第Ⅰ部分）	简介和单元概述 致命伤的治疗 检伤分类 单元小结 作业
灾害医疗行动 （第Ⅱ部分）	简介和单元概述 公共卫生的注意事项 灾害医疗行动的构成 建立医疗区 患者评估 治疗烧伤 伤口护理 治疗骨折、脱位、扭伤和拉伤 治疗鼻部损伤 治疗与冷相关的损伤 治疗与热相关的损伤 治疗叮咬伤 单元小结 作业
简单搜索 和营救	简介和单元概述 搜索和营救中的安全问题 内部和外部搜索行动 营救行动 演练：受困者运送 演练：营救受困者 单元小结 作业

培训单元	主　题
队伍建设和组织架构	简介和单元概述 社区应急响应队的组织管理 社区应急响应队的激活 社区应急响应队的动员 记录 活动：社区应急响应队的组织功能 单元小结 作业 附加材料
灾后心理疏导	简介和单元概述 灾难创伤 团队安康 对幸存者创伤开展工作 单元小结
洪灾应对	简介和单元概述 洪灾应对工作概要 应急响应 洪灾应对的物资、行动和设备 抗洪作业时的个人安全 填充和搬运沙袋 搭建沙袋防护堤 单元小结 洪灾应对专业词汇
课程回顾、结业考试和灾害模拟演练	课程回顾 结业考试 灾害模拟演练 对模拟演练的评估和课程总结 结业

1.7　社区应急响应能力基础培训之后

在完成社区应急响应能力基础培训课程时，学员将获得证书。相应社区也可以提供更多材料，以便在灾害响应时识别每位学员作为应急响应队成员的身份。

社区应急响应队成员应保管好自己的社区应急响应队个人防护装备（PPE），如护目镜、手套和基本的急救用品，以备在发生灾害时能够使用。灾害响应培训不应是一次性的活动，而应通过后续的培训和多次练习，加强意识、承诺和技能，保持面对灾害时采取有效的响应所需的娴熟程度。

要保持技能水平和持续改善绩效，社区应急响应队成员应在本地区开展后续辅助培训时，继续参加相关培训。与其他小组一起模拟灾害场景，不仅增加了联合练习的机会，而且对本地区的各个小组来说也是一次宝贵的熟悉和交流的机会。

第2单元

备灾

在本单元将学习以下内容：

● **社区备灾中的职责与分工**：社区中的每位成员如何在备灾和应急响应中发挥作用。

● **灾害的要素及其对基础设施的影响**：极端突发事件和灾害对交通、电力、通信的影响；食物、水、避难场所及燃料的供给情况；应急服务。

● **个人和机构如何备灾**：个人应该提前做哪些准备来提高自己的生存能力，同时减少灾害带来的影响。

● **社区应急响应队的作用**：社区应急响应队在灾害发生时和平时发挥的作用，对施救人员给予免责保护的相关法律法规。

2.1 简介和单元概述

1. 背景

自然灾害和人为事故导致的破坏非常广泛。

虽然应急服务人员接受过最专业的训练，并具备最专业的应急设备，能够很好地处理紧急事件；但是，当灾害发生时，他们往往并不能第一时间赶到现场。在这种情况下，社区成员在灾害初期的几小时、几天，甚至更长的时间内，也许只能依靠自己的力量和资源，如食物、水、急救护理和避难场地等。为伤员及其他需要帮助的人提供第一时间救助的，往往是邻居和同事。

灾害发生后的第一时间内，如果应急物资不足或延迟，社区应急响应队就会发挥重要作用：

● 如果现场救援人员需要社区应急响应队成员的协助，成员们应该按照培训时要求的标准操作程序提供救助；

● 灾害发生后，社区应急响应队成员承担了很多应急服务人员的工作。

虽然紧急事件发生后，社区应急响应队成员的确发挥了重要的作用，但是社区应急响应队成员接受的培训与专业救援人员相比还

是有差距的，所以并不能完全胜任专业救援人员的所有工作。社区
应急响应队成员是灾害发生后、专业救援人员达到前的重要救援
力量。

本次培训会教授一些重要的基本技能，以应对灾害发生后应急
服务未来得及启动这一状况。通过学习团队合作，邻居和同事将会
在灾害响应中发挥他们最大的作用。

2. 教学活动：建造一个纸塔

在这个活动中，学员被分为几个小组，组内成员要相互合作。
各组成员都要完成一个共同的任务——建造一个纸塔。

建议：通过以下步骤来完成这个活动。

（1）将学员分为 5 组，来设计一个 1.5 米高的纸塔，这个纸塔
要能够独立立在地面上。

（2）活动时间 10 分钟。开始后各组有 5 分钟的时间来讨论建造
方案，这 5 分钟只能用于讨论，不能碰触纸张和工具。

（3）建造纸塔的时间为 5 分钟。

各组成员在这个活动中使用的技巧与能力，与作为社区应急响
应队成员将要用到的技巧和能力是相同的。

3. 单元目标

本单元结束后，学员应该掌握以下内容：

● 社区备灾的职责与分工，包括政府、各部门的社区领导者，
以及所有公众的职责与分工；

● 能够说出所在社区最有可能发生的灾害类型，以及这些灾害
对人们的生命健康与基础设施带来的潜在影响；

● 个人、家庭和机构应采取的备灾行动；

● 熟悉社区应急响应队的作用及每一位成员的职责。

2.2　社区备灾：职责与分工

减轻灾害影响应该优先、重点考虑社区备灾。社区中的所有成

员都采取行动进行备灾是非常重要的。

有效的社区备灾首先在于明确该社区的基本情况：

- 该社区易发生的灾害类型与面临的风险威胁；
- 该社区拥有的基础设施；
- 该社区拥有的资源，以及社区成员所具有的备灾技能；
- 该社区的人口组成情况。

有效的社区备灾还在于强调全员参与，包括：

- 政府；
- 社区领导者；
- 公众。

1. 政府

政府有责任制定、测试和完善应急预案；有责任确保应急响应人员有足够的技能和资源；有责任提供保护和救助民众的服务。

为了应对这些挑战，政府应该让社区参与到应急预案制定的过程中；把社区资源整合到应急预案中；为社区提供可靠的、具有可操作性的应急信息；鼓励开展备灾培训项目、防灾演练项目和志愿者项目。

政府应急服务提供方包括：

- 应急管理办公室；
- 公安部门；
- 消防部门；
- 应急医疗服务部门；
- 卫生和计划生育部门；
- 市政工程部门；
- 民政部门；
- 安监部门；
- 人防部门；
- 应急相关行业部门（地震、气象、海洋、水利、国土资源、农业和森林等）；

● 公益组织或机构。

2. 应急预案

政府在灾害应对工作中的职责是：在突发事件或灾害发生前，对各部门进行组织和协调。其工作成果之一就是应急预案。

应急预案的特点如下：

● 当突发事件超出了任何单个部门（如消防部门）的应对能力或职责范围时，政府部门将职责分配给多个组织机构或个体，使其在特定的时间和地点采取一定的行动措施；

● 明确各部门的职权及部门之间的组织关系，并阐述清楚如何协调所有行动；

● 明确突发紧急事件或灾害发生时，如何保护好人民生命与财产安全；

● 在救灾或灾后恢复期间，当地政府须要明确指定在其管辖范围内（或在其他愿意提供援助的地区政府的管辖范围内）可用的人员、设备、设施、补给等其他资源。

简而言之，应急预案阐述了所在社区在灾害响应过程中的工作流程和发挥的作用。

3. 社区领导者

社区领导者有责任参与社区备灾，他们的职责包括：

● 参与当地的应急救援协作规划会议，并发表自己的观点，反映某些群体的诉求，如残疾人群体、当地学校、少数民族群体、小企业、经济弱势群体和宗教教徒等；

● 识别可用资源，并把其纳入政府方案；

● 在备灾行动中，确保设备可用；确保员工与顾客均接受过备灾培训，且参加过演练。

4. 公众

公众也有备灾的责任。社区的所有成员都应该：

● 了解社区的灾害风险、预警信息、紧急疏散路线，以及获取关键信息的途径；

- 参加备灾、医疗急救、应急响应等方面的技能培训；
- 通过在多种场景中定期演练，来获取实践技能，以及制订个人应急方案的能力；
- 与他人建立联系，并能够帮助他人；
- 向社区及时提供信息反馈；
- 报告可疑的风险和活动，维护社区安全；
- 担当志愿者。

5. 吸引整个社区全员参与

社区应急响应队是一个基层组织，通过吸引社区各部门、机构和公众的参与，来增强社区的安全，提高社区的备灾能力。社区应急响应队的目标是：当事故发生时，使社区更安全、更有所准备、更具抗灾能力。

2.3 灾害的要素及其对基础设施的影响

1. 突发事件的类型

突发事件可以划分为：

- **自然灾害**：气象灾害、海洋灾害、洪水灾害、地质灾害、地震灾害、农作物生物灾害、森林生物灾害七类，如地震、森林火灾、洪水、极端高温、台风、滑坡、泥石流、堰塞湖、沙土液化、地基沉陷、暴风雨、大风、龙卷风、火山爆发、暴风雪、沙尘暴、雾霾等。

- **事故灾难**：工矿商贸企业事故、交通运输事故、公共设施和设备事故、核辐射事故、环境污染事故、生态破坏事故等。

- **公共卫生事件**：传染病疫情、群体性不明原因疾病、食品安全、职业危害、动物疫情、严重影响公众健康和生命安全的事件等。

- **社会安全事件**：恐怖袭击事件、民族宗教事件、经济安全事件、涉外事件、群体性事件、其他刑事案件等。

2. 灾害的要素

灾害有一些共同的要素：

● 具有不可预知性，几乎没有征兆，也没有准备的机会；

● 灾害发生初期，应急专业人员与应急服务供不应求；

● 生命、健康和环境都面临威胁；

● 可能造成大量建筑物和基础设施的破坏。

需要注意，灾害发生后的第一时间内，专业的应急服务人员往往会供不应求，这时社区应急响应队成员就成为应急服务链中至关重要的一环。

3. 对当地的灾害脆弱性进行评估

对当地的灾害脆弱性进行评估，有助于社区确定优先防范措施，对易发灾害做到有的放矢。为了评估当地的灾害脆弱性，有必要：

● 确定当地最常见的灾害；

● 确定当地有可能发生的破坏性最强的灾害；

● 考虑近期发生的灾害的影响，以及历史上发生过的灾害的影响；

● 确定社区中特定灾害最容易发生的位置，以及这些位置的居民、建筑、基础设施概况；

● 考虑如果各种服务中断会发生什么情况，以及恢复服务需要的时长。

4. 基础设施损毁的后果

每项基础设施的损毁，都有可能严重影响公安部门、消防部门、紧急医疗服务在灾害中发挥的作用。由于紧急救援人员供不应求，所以就必须根据需求的优先等级进行分配：

● 公安人员首先抵达公共安全受到**严重威胁**的区域；

● 消防人员会首先抵达**火灾严重**的区域；

● 救援队伍首先会抵达**灾害严重**的区域；

● 紧急医疗人员会首先帮助有**生命危险**的受害者（如果紧急医疗人员没有及时出现，社区应急响应队成员也可以帮助那些有生命危险的受害者处理伤口。)

优先等级较低的需求不得不通过其他途径获得满足。基础设施损毁后可能带来的影响见表2-1。

表2-1 基础设施损毁后可能带来的影响

损毁对象	可能带来的影响
交通	■ 无法精确评估损失 ■ 救护车无法及时抵达受害者 ■ 公安部门无法及时赶到受灾地区 ■ 消防部门无法及时赶到火灾现场 ■ 救援队伍无法进入灾害现场 ■ 所需物资（如食物和水等）无法及时抵达受灾地区 ■ 道路被封锁，或无法通行
建筑物	■ 重要基础设施（如医院、消防站、警察局、机场）被损毁，无法正常运转 ■ 大面积建筑物倒塌，增加掉落物带来的风险
通信系统	■ 受害者无法求救 ■ 协同服务被中断 ■ 无法和家人、朋友取得联系
电力 等公共服务	■ 中断服务 ■ 增加火灾或电击的风险 ■ 无法使用燃料，电力系统也无法运转 ■ 受害者和服务商之间无法取得联系
供水设备	■ 医疗设备受到影响 ■ 水流不足，可能会使消防受到影响 ■ 增加公共卫生风险
燃料供应	■ 增加火灾风险，以及由燃油管道破裂导致的爆炸风险 ■ 窒息的风险
金融服务	■ 自动提款机（ATM机）出现故障 ■ 信用卡系统瘫痪

5. 与建筑物类型相关的灾害

当灾害发生时，人们没有机会选择自己所在的建筑物类型。因此，学员有必要了解社区中主要的建筑物类型，以及可能会给人体带来的危险。

工程建筑，如高层建筑，在大多数灾害类型中表现良好。

在地震和强风灾害（如台风）中，中高层建筑（砖结构、砖混结构、钢筋混凝土结构）中的人们容易面临的危险及注意事项如下：

● 破碎的玻璃；

- 掉落的天花板；

- 坍塌的廊道和楼梯；

- 独栋建筑的建筑年限、结构类型，以及其面临的灾害类型，是房屋和车库的主要潜在破坏因素；

- 使用无钢筋建造的老房子，不及新建筑牢固；

- 强风和台风对独栋建筑产生的破坏，既可能很小，也可能是毁灭性的；

- 灾害发生后，在已遭到破坏的建筑中，人们还可能面临天然气管道爆炸等危险；

- 居住在多单元住宅之中的家庭，其面临的危险和响应灾害的方式，与居住在独栋建筑中的家庭有所不同（后续的培训内容将会对此展开深入阐述。）

即使多单元住宅中的某些区域看起来好像没有受到多大损坏，但是那里的居民却依然有可能受到伤害。

多单元住宅中设备关闭阀的分布往往与独栋建筑不同。多单元住宅建筑通常有一个总的关闭阀，同时每个住宅单元中也会有一个分关闭阀。灾害发生后，有时须要关闭其中一个阀门，有时须要关闭另外一个阀门，有时须要两者都关闭。因此要注意关闭每个阀门所产生的可能影响。

6. 公共建筑的灾害隐患

大型购物中心、体育馆、机场、宗教场所，以及其他具有大型屋顶的建筑，在灾害中会面临特殊的危险：

- 大型购物中心有可能面临倒塌和碎玻璃等危险；

- 仓储式结构的建筑物也会面临倒塌的危险。

各种类型的建筑物都会面临非结构性的灾害风险。

7. 非结构性灾害

除了结构性灾害，每个人在社区、家庭和工作场所中都会面临非结构性灾害。灾害发生时或发生后，家庭、学校或工作场所中一些物品和固定装置，都有可能对人们构成威胁。

8. 家庭固定装置的隐患

这些隐患包括：

● 地震、水或者风有可能导致热水器和灶具移位，进而导致天然气管道破裂；

● 掉落的书本、杯盘，或橱柜中的其他物品，有可能对人体造成伤害；

● 移位的电器或办公室设备有可能导致人体触电，或对人体产生其他伤害；

● 接线错误、插座超负荷或电线破损，均可能导致火灾。

个人可以采取一些相对简单的措施，减轻家庭与工作场所中灾害的影响。这些内容将会在后面的家庭备灾与工作场所备灾模块中进行详细阐述。如何与何时关闭安全阀门也同样非常重要。安全阀门的相关知识将会在第 3 单元进行介绍。

2.4 家庭备灾与工作场所备灾

针对家庭备灾，美国联邦应急管理署于 2009 年对美国部分家庭进行了问卷调查，结果如下：

● 只有 50% 的公众，熟悉他们的社区的警报和预警系统；

● 在灾难中的第一个 72 小时，家庭和社区成员的重要性调查显示：70% 的人期望依靠家庭成员，而 49% 的人说他们会依靠邻居或附近的人营救；

● 近 30% 的公众表示，他们没有采取备灾的主要原因是期望消防人员、警察或其他机构应急人员帮助他们；

● 只有 40% 的公众认为，可能会有自然灾害不断地发生在他们的社区；

● 53% 的公众表明，在突发自然灾害的第一个 5 分钟，有信心、有能力做出应对；但只有 20% 的公众表明，有信心有能力应对恐怖袭击；

● 依据不同的年龄、教育程度、收入情况、文化和语言、残障人士和正常人、经验等其他因素，备灾方案不尽相同。

类似的调查在中国没有广泛开展。2008 年汶川地震后，我国社区应急备灾才逐渐开展，尤其是在四川省的汶川地震灾区。因此本课程暂以美国的相关调查数据为例。

1. 备灾

在任何紧急情况下，备灾行动都可以发挥作用；而对某些特定的灾害类型，备灾行动更为重要。备灾的第一步，也是最重要的一步，就是了解所在社区可能发生的灾害类型，以及所在社区的预警系统、疏散路线和庇护方案。对于社区应急响应队成员而言，当他们外出旅游遇到自己并不熟悉的灾害类型时，使自己尽快了解并应对该灾害，也是同样非常重要的。

不管面对哪一种灾害类型，备灾的重要要素都包括：

● 有能力快速评估当时的状况，并采取有效措施进行自我保护；

● 制订家庭备灾方案，并根据方案定期演练；

● 在多处储备好应急物资；

● 通过防灾演练，来降低灾害的影响；

● 接受培训，并参与志愿者计划。

要了解自己的特殊需求，也要了解自己所认识的人的特殊需求，同时也要考虑到宠物和服务型动物。

此外，还可以从当地的应急管理部门获取更多备灾的相关信息。

2. 保护措施

很多灾害在发生前都没有明显征兆。所以人们有必要掌握一些知识和技能，以便能在灾害发生初期还未接到政府指令时，可以立即采取保护措施。

尽管采取什么样的保护措施取决于灾害的类型、警报的次数，以及人们接受培训的次数，但是仍然有必要了解下述保护措施：

● 评估灾情。当灾害毫无征兆地发生时，花几秒钟的时间来评估当前的情况是非常重要的，这有助于人们采取最有效的后续措施。

这包括：确定灾害的类型，评估空气是否被污染，以及建筑是否遭到破坏。

● 决定留下还是转移。在某些情况下，人们应该留在原地（例如，当人们在屋内，灾害发生在屋外，此时人们就应该留在屋内）；在另外一些情况下，人们应该转移（例如，如果人们正在屋内，灾害也发生在屋内，此时人们就应该撤离）。所有的灾害都有其特点，所以评估当时的情况，并确定最佳的行动方案，对受灾者而言非常重要。

● 留下还是转移是灾害中重要的早期决定。如果没有面临紧急危险，人们应该留在原地，在采取下一步行动之前获得更多的信息。仔细考虑社区最有可能发生哪些灾害，当灾害发生时人们有可能在什么位置，这些信息都有可能帮助人们确定具体的行动方案。尽管灾害发生早期，人们须要立即判断是留在原地还是转移，是否须要封闭房间将其作为避难场所；但是一旦得到地方当局的权威信息，人们应该听取地方当局的意见。如果专家告诉人们应该撤离，那就立即撤离！

● 寻求清洁空气，保持呼吸顺畅。不管发生何种灾害，清洁的空气都是至关重要的。保持呼吸顺畅、寻求洁净空气的措施包括：用布或口罩堵住嘴巴；从被污染的建筑撤离；或者躲在一个相对封闭的空间内，把污染的空气隔离在外，直至污染的空气消散。

● 保护自己免受碎片的伤害；如果被困，应发送求救信号。保护自己免受掉落物与危险碎片的伤害是非常重要的自我保护措施。如果被困，要保证通气通风，可以使用敲打物体或者吹口哨的方式释放求救信号。叫喊是最后的求救手段。

● 去除污染物。如果污染物已经扩散到受灾者所在的区域，或者受灾者已经接触到了液体污染物或固体污染物，首先要尽快地去除污染物，脱掉被污染的衣服，并使用肥皂和水彻底清洗。

● 保持良好的个人卫生。良好的卫生习惯可以防止疾病传播，而良好的个人卫生在灾后环境中也同样非常重要。净化饮用水、保持清洁的环境卫生，是重要的保护措施。

3. 避难场所

避难场所有不同的类型，且不同类型的避难场所适用于不同类型的灾害。

● 原地避难——封闭房间。封闭房间可以使人们在短时间内免受污染空气的影响，直到污染空气消散。人们应该在家里、工作地点，或者其他较长时间停留的地点，选择一个房间；当人们需要就地避难时，就会在这个房间停留几个小时，但前提是他们能够迅速封闭这个房间。在这个房间内应储存好一定的应急物资，如一些零食和水、带电池的收音机、手电筒，以及可以用于封闭门窗和其他通风口的塑料布与胶带。

● 较长时间停留的避难所。较长时间停留意味着可以在此停留几天；在流行疾病盛行时，甚至需要在此停留 2 周。因此要在此储存好一定的应急物资。

● 公众避难所或社区避难所。即很多人集聚到一个地方寻求避难。这些避难所通常会提供食物、水、药品，以及一些基本的卫生设施。但是，人们仍然应该随身携带足够 3 天使用的应急包，以确保满足自己的应急需求。

4. 制订应急方案

除了应急保护措施之外，还需要了解应急方案。应急方案关系到人们的生与死。例如：

● 在哪里与家人汇合？最好在家外与社区外，各选定一处作为汇合地点。

● 为家人选定一位外地的朋友或亲戚，作为紧急联系人。当灾害发生时，打长途电话也许会比打本地电话更加容易，但是要确保这位外地的紧急联系人处于一个通信畅通的地区。

● 要考虑到所有的可能性：是否停留较长的时间？是否原地避难？是否撤离？

● 如何从家中、工作场所、学校、宗教场所撤离？

● 确定好撤离路线。如果主撤离路线被堵，是否有其他替代路线？是否有交通工具？

当灾害发生时，家庭安全是最重要的。为了给家庭安全做出最好的应急方案，应该首先考虑在当时的情况下最好的结果是什么。此外，还应该把应急方案付诸演练，包括从家中撤离，以及使用紧急联系方式联系所有的家庭成员。

及早把应急方案付诸演练，在关键时刻可以帮助人们更好地应对灾害。

5. 制订家庭应急方案

● 联系当地的应急管理部门与红十字会：

  ■ 了解当地最易发生的灾害类型；

  ■ 询问如何得到预警信息；

  ■ 了解如何为各种灾害做准备。

● 召开家庭会议：

  ■ 讨论各种有可能发生的灾害类型；

  ■ 讨论如何备灾与响应灾害；

  ■ 讨论接到撤离信息后要做些什么；

  ■ 把上述讨论内容付诸演练；

  ■ 讨论如果灾害发生后，家庭成员被迫分离，将如何取得联系。

  ■ 选择两个汇合地点：

    ◆ 其中一个汇合地点，位于社区之内。当火灾发生时，要与家庭有一定安全距离；

    ◆ 另外一个汇合地点，位于社区之外。如果不能返回家中，就在此汇合。

  ■ 选择一个外地的紧急联系人，可以告知其自己是否安全：

    ◆ 要确保这个人知道自己是紧急联系人；当灾害发生时，他明白自己需要做什么。

    ◆ 给紧急联系人一张列有相关人员姓名的清单，要记得标注好电话！

◆ 定期演练。

- 完成以下操作：
  - 把应急电话存储到每位家庭成员的手机中；
  - 告知每位家庭成员如何及何时关闭水、煤气、电的总开关；
  - 安装烟雾报警器。例如，在家的不同位置及所有的睡眠区附近，安装一个天然气检测器，尤其是在采暖炉、热水罐、燃气设备、衣服烘干机等附近。并应每月测试检测器，以确保其工作正常。
- 联系当地的消防部门，学习如何应对家庭火灾。
- 联系当地的红十字会进行学习与培训，学习急救知识和心肺复苏术。
- 召集邻居开会：
  - 制订计划，讨论当灾害发生后，如何与邻居协作；了解邻居的技能，如医疗技能或其他专业技术；
  - 考虑如何帮助有特殊需求的邻居，如老人和儿童；
  - 制订儿童保护计划，以防孩子的父母不在家时突发紧急事件。

6. 教学活动：紧急撤离！

考虑某种灾害的类型（台风、地震等），决定随身携带什么物品，并在规定的时间内从家中撤离。

7. 逃生方案

制订一个能够从每个房间安全撤离的逃生方案，家庭逃生方案包括以下内容：

- 考虑到儿童和残疾人士的特殊需求；
- 所有的家庭成员及单位同事，都应该知晓这个逃生方案；
- 按照疏散路线进行逃生演练。

制订好逃生方案之后，要将其付诸演练。进行家庭消防演练，定位好最近的避难场所，以确保当灾害发生时知道如何应对。

下面将用图 2-1 展示一个逃生方案案例。

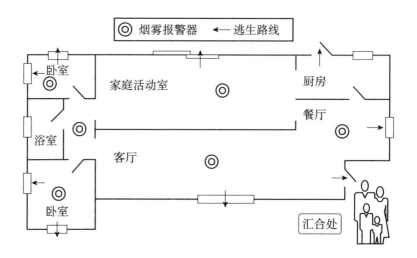

图 2-1 逃生方案案例

注：这个逃生方案用箭头标示了每个房间的逃生路线，以及家外的家人汇合地点。

强调制订逃生方案的重要性：

● 考虑到儿童和残疾人士的特殊需求，还要考虑到宠物；

● 从家中的任何一个房间，以及工作地点的任何一个区域如何逃生。

在多数情况下，大部分家庭不会在每个房间都安装烟雾报警器，但是至少在每一层都会安装一个。

8. 准备应急补给箱，并为其配备应急物资

在灾害发生前做好充足的准备，可以使人们以最好的状态应对灾害。备灾的其中一项就是准备应急补给箱。灾害发生后，受灾者没有时间去购买或者搜寻补给。但是如果提前准备了应急物资，受灾者和他们的家人就会有机会逃生，或者挺过避难期。

9. 准备应急补给箱

（1）查阅后面几页列出的物资清单。

（2）收集清单中列出的物品。其实很多家庭都有这些物品，可以把这些应急物资放到适当的位置，当紧急事件发生时可以快速获取，同时如果平时有需要也可以使用。例如，在应急补给箱中准备

一个扳手，在紧急情况下可以使用它关闭燃气阀门；同时在日常生活中也可以使用这个扳手，只须要记得用完之后把它放回到应急补给箱中。

（3）把用于逃生的物品放到一个易于携带的小箱子中，并用星号（＊）标记出来。

水

把水储存到塑料容器中，如软饮料瓶子。

● 搜集一些可以循环使用的塑料瓶子，这是储存水的最好容器。不要选用易分解或易碎的容器，如塑料牛奶罐、玻璃瓶等。

● 用肥皂和温水把瓶子清洗干净，装满清洁的饮用水，把其放置到阴凉的地方，避免阳光直射。

● 每 6 个月换一次水，换水时重复上述步骤。食物、电池也须要 6 个月换一次，确保没有过期！

一个普通成年人每天大概须要饮用 2 升水。在高温环境下，或者剧烈活动的情况下，饮水量会加倍。儿童、哺乳期的妇女和病人的需水量会更大。

■ 每人每天需要 4 升水（其中 2 升水用于饮用，2 升水用于烹调食物和卫生清洁。）

■ 为家庭中的每位成员准备 3 天的用水量。

如果觉得水不干净，可以在饮用前把水净化一下。可以把水煮沸 1 分钟，或者使用净水剂把水净化。还可以使用含 5.25％纯次氯酸钠的家用氯液体漂白剂（不要使用香水漂白剂）。可以参考表 2-2 来净化水。

表 2-2 漂白剂与水的比例

水	漂白剂
1 升	2 滴
4 升	8 滴
19 升	2.46 毫升

注：如果水比较浑浊，建议漂白剂的使用量增加到 2 倍。

添加漂白剂之后，搅拌一下水，或者摇晃一下盛水容器，30 分钟之后再饮用。

食物

至少储存足够 3 天食用的不易腐烂的食物。选择不需要冷藏、烹饪，且不需水或需水量很小的食物。如果须要加热食物，准备好一罐固体酒精，或者由一罐固体酒精转化的灌装燃料。选择小巧轻便的食物。不要选择比较咸的食物，因为会容易让人口渴。在应急补给箱中准备好下列食物并且每年要检查两次水和食物的保质期。

- 即食类罐装肉、水果和蔬菜。
- 罐装果汁、牛奶和汤（如果是粉末状的，还需要准备额外的水）。
- 调料——糖、盐、胡椒粉。
- 高能量的食物——花生酱、果冻、饼干、燕麦棒、什锦果干果仁。
- 婴儿食品、老年人食品，或有特殊饮食要求的人的食品。
- 可以疏解压力的食物——小甜饼、硬糖、加糖的谷类食物、棒棒糖、速溶咖啡、袋装茶。

厨具

- 手动开罐器。
- 套装餐具，或者纸杯、盘子和塑料餐具。
- 多功能小刀。
- 用于净水的家用液体漂白剂。
- 铝箔纸和塑料保鲜膜。
- 可以重新密封的塑料袋。
- 如果需要加热食物，还要准备小型厨灶和一罐燃料。

急救箱*

在家里准备一个急救箱，同时为每辆车各准备一个急救箱（注：这个急救箱并不能补充或替代社区应急响应队成员的应急补给箱）。急救箱应该包括：

- 急救手册；
- 各种尺寸的无菌胶粘绷带；

- 小片消毒纱布（4～6 块）；

- 大片消毒纱布（4～6 块）；

- 防过敏的胶布；

- 管装凡士林或其他润滑剂；

- 各种尺寸的安全别针；

- 清洁剂或肥皂；

- 非乳胶检查手套（2 双）；

- 三角绷带（3 条）；

- 针；

- 湿巾；

- 抗菌药膏；

- 体温计；

- 压舌板（2 支）；

- 棉球；

- 防晒霜；

- 不同宽度的无菌绷带（6 卷）；

- 剪刀；

- 镊子；

- 冷热敷布。

非处方药：

- 阿司匹林或非阿司匹林止痛药；

- 止泻药；

- 抗酸剂（用于消化不良）；

- 抗过敏药，如果有必要，准备肾上腺素；

- 泻药；

- 维生素；

- 活性炭（使用时听从疾病预防控制中心的建议）。

工具和日常用品

- 应急手册*；

- 用于收听天气状况的收音机，以及备用电池*；
- 手电筒及备用电池*；
- 灭火器：小筒，ABC型；
- 便携帐篷；
- 钳子；
- 胶带；
- 罗盘*；
- 置于防水容器中的火柴；
- 铝箔纸；
- 医用滴管；
- 用于关闭天然气和水阀门的无火花扳手；
- 塑料布；
- 座机电话；
- 车用燃料和发电机。

卫生用品：

- 卫生纸、纸巾*；
- 肥皂、洗衣液*；
- 女性卫生用品*；
- 个人卫生用品*；
- 塑料垃圾袋（用于个人卫生）；
- 带盖子的塑料桶；
- 洗手液；
- 家用漂白剂。

宠物用品

- 药物及医疗记录（置于防水容器中），一个急救箱；
- 一张宠物的近期照片，以防宠物丢失；
- 宠物的喂食时间表、身体状况、行为问题，以及兽医的姓名和电话，以防需要寄养宠物；
- 用于安全运送宠物的结实的皮带或安全带，确保宠物不会在运送过程中逃脱；

- 食物、饮用水、碗、猫砂与猫砂盆、开罐器；
- 如果便于运输，准备好宠物床和玩具。

衣服和床上用品

至少为每个人都准备好一套衣服和鞋子（记住要随季节及时调整！）

- 结实的鞋子或靴子*；
- 雨具*；
- 毯子或睡袋*；
- 帽子和手套*；
- 保暖内衣*；
- 太阳镜*。

家庭文件与联系电话

- 身份证、现金（包括零钱）或旅行支票、信用卡；
- 重要文件的副本：出生证明、结婚证书、驾照、护照、遗嘱、契约、家庭财产清单、保险、合同、免疫接种记录、银行卡和信用卡账号、股票、债券。请务必把这些文件的副本置于防水容器之中。
- 紧急联系人通讯录，以及其他重要的电话号码；
- 当地地图，以及可以寻求避难的地方的电话号码；
- 备用车钥匙和房门钥匙；
- 处方的副本，或者原始处方。

特殊用品

婴儿用品*：

- 婴儿食品；
- 尿布或纸尿裤；
- 奶瓶；
- 奶粉；
- 药物。

所有家庭成员的用品：

● 高血压药和心脏病药*；

● 胰岛素*；

● 其他处方药*；

● 假牙*；

● 隐形眼镜及相关用品*；

● 备用眼镜*；

● 游戏机及备用电池，书籍。

注意：以上带星号（*）的物品建议逃生时携带。

2.5 通过减灾措施降低灾害的影响

1. 减灾

除了应急补给箱，减灾措施同样可以降低灾害对自己及家人的影响。减灾是指通过减轻灾害带来的影响，来降低人们的生命和财产损失。减灾的途径包括：防止紧急事件发生，减少灾害发生的频次，降低不可避免的灾害的破坏强度。减灾措施包括：非结构性减灾措施，结构性减灾措施，购买保险。

非结构性减灾措施是指学员可以采取的一些相对简单的措施，如确保家具和电器在移动过程中免遭损坏。下面是非结构性减灾措施的一些例子：

● 把较重的家具固定住；

● 把家用电器和办公设备固定到墙上，以避免它们在地震时掉落；

● 为窗户安装防风暴盖；

● 为橱柜门安装插销，以防止地震时橱柜里的物品掉落砸伤儿童；

● 给燃气、电和水的关闭阀贴上操作指示标签；

● 固定住热水器，并安装有弹性的燃气输送管道。

还有一些减灾措施需要比较大的投资，以及对建筑结构做一些结构性的改变。根据各地区易发生的灾害类型，这些措施可能包括：

- 固定煤气罐和烟囱；

- 把公共设备移至高处（如高于洪灾水位线）；

- 研究当地的结构性灾害，并修改以上减灾措施，使其适应当地的实际情况。

2. 使家更安全

应对不同灾害类型的防灾措施示例见表 2-3。

表 2-3　不同灾害类型下的防灾措施示例

灾害类型	防灾措施示例
结构性灾害	固定煤气罐和烟囱
	把公共设备移至高处（如高于洪灾水位线）
	请专业人员检查地基、屋顶连接处、烟囱等
非结构性灾害	把书架、储藏箱、落地式大摆钟等家具固定到墙上
	使用优质的尼龙搭扣把家用电器和办公设备固定到墙上
	为窗户安装防风暴盖，以保护窗户
	为橱柜门安装插销，以保护儿童安全
	在灾害发生前给燃气、电和水的关闭阀贴上标签。灾害过后，根据需要关闭阀门，以避免火灾或其他风险。把无火花扳手放置于可以随手取到的地方
	教会所有的家庭成员何时及如何关闭重要的安全阀门，包括已经有一定处理能力的孩童
	把热水器固定到墙上，防止其由于移位导致燃气管道破裂，或者电线松动

不同的非结构性灾害会导致不同的危险。下面列举了一些例子：

- 家庭火灾：确保防盗门和窗户可以很容易地从房间里面打开。

- 山体滑坡与泥石流：为避免燃气和水泄漏，安装比较有弹性的软管，这种管道比较耐损。

- 森林火灾：

    - 避免使用木质家具，避免用木头搭建屋顶；

    - 把距离家 10 米以内的易燃植被全部清理掉，把墙上的藤蔓也清除掉；

- 把煤气罐放置到距离家或其他建筑物至少 10 米的地方；
- 把木柴放置到距离家至少 10 米的较高处。

● 地震灾害：

- 避免室内家具倒落，在室内预选出地震时的临时躲避位置，如小开间的卫生间、承重墙的边部、坚硬的床边等；
- 确保防盗门和窗户可以很容易地从房间里面打开，以便进行高空救援；
- 在室外狭小街区中疏散时，要避开高层危楼或部分倒塌建筑的高空坠物，应熟悉安全的疏散通道；
- 避免次生灾害，如火灾、毒气、滑坡和水灾等。

3. 参与备灾

备灾需要所有人的积极参与。社区应急响应队成员应该：

● 首先跟家人与朋友一起讨论当地易发生的灾害，以及危机来临后应该采取哪些措施互帮互助；

● 了解自己的工作地点、学校、宗教场所及其他社交场合中的应急预案；

● 确保相关负责人制订了应急方案，并且与社区的应急管理部门保持联系；

● 应该通过培训获取帮助他人的技能，并且通过实际演练巩固这些技能：

- 社区应急响应队项目可以提供备灾方面的培训、演练，学员还可以与他人一起组建团队；
- 与家人、朋友一起参与演练，参与工作场所、学校、宗教场所、社区组织的演练。演练次数越多，灾害发生后就越能采取有效的应灾行动。

与朋友、家人分享一下自己的志愿者经历。通过社区应急响应队或其他活动为他人提供帮助是一个值得分享的经验！

2.6 社区应急响应队的灾害响应

正如本单元前面所述：灾害发生后的第一时间内，如果应急物资不足或延迟发放，社区应急响应队成员就会发挥重要作用。

如果现场救援人员需要社区应急响应队成员的协助，后者应该按照培训时要求的标准操作程序提供救助。灾害发生后，社区应急响应队成员承担了很多应急服务人员的工作。

虽然紧急事件发生后，社区应急响应队成员的确发挥了重要的作用，但是他们接受的培训与专业救援人员相比还是有差距的，所以并不能完全胜任专业救援人员的所有工作。社区应急响应队成员是灾害发生后、专业救援人员达到前的重要力量。

灾害发生后，社区应急响应队成员应该：

- 在确保安全的前提下，找到并关闭公共设备的安全阀；
- 扑灭初期火灾；
- 在专业救援人员抵达前救助伤员；
- 开展搜索和营救行动；
- 安抚灾后幸存者的情绪。

作为社区应急响应队成员个体，与作为社区应急响应队团队的组成部分，在灾害中发挥的作用是有区别的。

社区应急响应队成员的首要责任是确保自己与家庭的安全。只有自己和家人的安全得到保障后，社区应急响应队成员才有可能全身心投入到灾后救援之中。

主办机构负责策划社区应急响应队团队响应灾害的方式。一般而言，社区应急响应队团队的成员会选出一位领导者（和一位候补领导者），并确定好汇合地点（或者集结待命区域）。

社区应急响应队成员会在预定好的集结待命区域集合，接受救灾任务。会有一些社区应急响应队成员奔走于集结待命区域和救灾现场之间，为双方传递信息。

通过这种方式，社区应急响应队成员首先保证自己和家人的安全；之后，会作为社区应急响应队团队的一分子，投身于社区的灾后救援之中。

在某些情况下，社区应急响应队成员也可以承担避难引导、交通指挥、紧急疏散等任务。

社区应急响应队成员提供灾后救援的关键在于：不要超出自己接受的培训的范围。

社区应急响应队组织及其运作方式将在本次培训的第7单元详细介绍。

1. 社区应急响应队的组织结构

不管社区应急响应队成员被分配什么任务，高效率的团队合作对于社区应急响应队成员而言都是非常重要的。

虽然社区应急响应队成员在灾害响应中发挥着重要作用，但是他们所接受的训练与所发挥的作用都不及专业的救援人员。

在本单元末，有附加材料部分清单，这些清单有助于：

● 规划与组建一个社区应急响应队；

● 使学员了解社区应急响应队所需要的设备与用品。

有关团队组建清单的很多细节内容，会在本次培训后面的单元中深入讨论学习。社区应急响应队的组织结构见图2-2。

社区应急响应队组织的最高层是政府/社区联络机构。下面是社区应急响应队团队的领导者，负责指导几个部门：行动组、计划组、后勤组。

行动组包括三个灾害响应行动队：消防灭火队、搜索和营救队、医疗救护队。

计划组包括两个小组：分别是文档小组和事故信息小组。

2. 个人防护装备

虽然社区应急响应队成员在灾害响应中发挥着重要作用，但是他们所接受的训练与所发挥的作用都不及专业的救援人员。并且，在任何时候，社区应急响应队成员的首要任务都是保证自己的

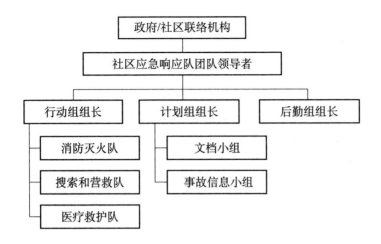

图 2-2　社区应急响应队的组织结构

安全。

穿戴好合适的个人防护装备（PPE）是非常重要的。社区应急响应队成员都需要穿戴以下个人防护装备：

- 头盔；
- 护目镜；
- 防尘口罩；
- 工作手套；
- 非乳胶检查手套；
- 结实的鞋或靴子。

3. 社区应急响应队成员在非灾害时期的任务

社区应急响应队成员是社区中的潜在志愿者群体，他们可以帮助完成下列事项：

- 为有需要的邻居与同事提供帮助；
- 分发备灾材料，并做备灾示范演练；
- 为游行、节日或其他特殊事件提供协助；
- 协助安装烟雾报警器；
- 在社区举办大型活动时，协助交通管理。

2.7　对施救人员的保护

● 作为社区应急响应的志愿者，社区应急响应队成员一般会受到《见义勇为法》的保护。《见义勇为法》会保护那些行为谨慎、措施得当的施救人员。

● 在美国，在灾害救援中，社区应急响应队成员还受到《志愿者保护法》的保护。《志愿者保护法》颁布于 1997 年，是一项联邦法律。这项法律规定：只要志愿者依照所接受的培训规范行动，就不会承担法律责任。

● 社区应急响应队成员还会受到所在地相关法律的保护。由于各地的法律不同，培训时应该讲授学员所在地区的法律，主要包括适用法律及内容要点等。

● 中国目前还没有颁布志愿者保护法，但一些地方政府正在加快这一地方法规的出台。

2.8　社区应急响应队成员的其他培训

社区应急响应队成员还应接受其他培训，包括：

● 灾害中的动物问题；

● 社区关系；

● 心肺复苏术（CPR）；

● 自动体外除颤器（AED）的使用；

● 灾害现场废墟清理；

● 捐赠管理；

● 避难所管理；

● 关注特殊需求；

● 交通管理；

● 安全阀控制；

● 其他在线课程。

这些仅是其中的一些例子，可以根据实际情况对社区应急响应队成员提供额外培训。

2.9　单元小结

本培训单元主要讲授了以下内容：

● 社区中每个人备灾的责任与能力。

● 政府领导者有责任使社区所有成员参与到应急方案的制订、测试和完善过程之中。

● 公众有责任了解当地易发生的灾害类型，并制订个人应灾方案、备灾、接受培训、参与演练、担当志愿者。

● 突发事件有四种类型：自然灾害、事故灾难、公共卫生事件和社会安全事件。大多数灾难的发生都没有什么征兆，这导致紧急救援人员供不应求，使生命、健康和环境都面临威胁。

● 个人备灾应该考虑当地易发生的灾害类型，但是一般都包括以下几点：

■ 了解当地的预警系统、疏散路线和庇护方案；

■ 掌握恰当的保护措施；

■ 制订家庭备灾方案，并定期演习；

■ 在多处准备好应急物资；

■ 减少家庭隐患；

■ 鼓励其他人积极备灾，同时鼓励他们担当社区志愿者。

● 社区应急响应队成员涉及很多机构和人员，当灾害发生后，他们需要合作抗灾。社区应急响应队高效率抗灾的关键在于：

■ 熟悉当地易发生的灾害类型，及其可能引发的破坏性后果；

■ 对每类灾害及其后果做好充足的准备；

■ 接受培训；

■ 通过反复练习与模拟演练巩固实践技能。

实践证明，社区应急响应队成员在很多社区中都发挥了重要的作用。

2.10　作业

下个培训单元将介绍消防安全的相关内容。在下次上课前，学员们应该：

● 复习第2单元的内容。

● 预习第3单元的内容。

● 带一双皮手套和一副护目镜，下一培训单元的课程中会用到。皮手套和护目镜也可以作为应急物资放在应急补给箱中。

● 与家人、朋友一起讨论备灾措施，并制订联络方案，包括选定"外地紧急联系人"。

● 在多处准备好应急物资。

● 检查家中的隐患，并想办法避免潜在的伤害。

2.11　附加材料

1. 社区应急响应队检查清单

说明：本清单不仅可以帮助学员成为一个合格的社区应急响应队队员，还可以帮助学员做好家庭应急准备。

备灾项目	检查是否完成	检查日期
个人准备：		
● 食物	☐	
● 水	☐	
● 外地紧急联系人	☐	
● 减灾措施		
■ 热水器	☐	
■ 安全阀	☐	

- ■ 橱柜等 ☐
- ■ 其他_____ ☐

团队组织：

- ● 领导
  - ■ 部门领导 ☐
  - ■ 团队领导 ☐
- ● 成员
  - ■ 名单 ☐
  - ■ 通讯录 ☐
  - ■ 各成员技能记录单 ☐
- ● 通信系统
  - ■ 电话 ☐
  - ■ 实时通信 ☐
  - ■ 无线电 ☐
  - ■ 通讯员 ☐
- ● 资源
  - ■ 人员 ☐
  - ■ 设备 ☐
  - ■ 补给 ☐
  - ■ 个人应急补给箱 ☐
- ● 区域调查与定位
  - ■ 撤离方案 ☐
  - ■ 集结待命区/指挥所 ☐
  - ■ 医疗区 ☐
  - ■ 特定危险区 ☐
  - ■ 区域地图 ☐
- ● 响应方案
  - ■ 响应标准 ☐
  - ■ 通信与通知 ☐

- ■ 集结待命区/指挥所　　□
- ● 团队协作
  - ■ 会议　　□
  - ■ 演练　　□
  - ■ 培训　　□
    - ◆ 急救　　□
    - ◆ 心肺复苏术（CPR）　　□
    - ◆ 自动体外除颤器（AED）用法　　□
    - ◆ 其他　　□

2. 社区应急响应队成员个人防护装备清单

下列物品是所有社区应急响应队成员应该配备的最低标准的个人防护装备：

□尼龙或帆布的双肩背包	□非乳胶检查手套（至少 10 双）
□安全帽	□结实的鞋子或靴子
□保护眼镜（护目镜）	□长裤
□工作手套（皮革）	□长袖衬衫
□防尘口罩（N95 口罩）	□反光背心

3. 推荐的社区应急响应队装备及物资配置清单

以下设备和用品是每位社区应急响应队成员应该配备的推荐装备及物资。此外，也推荐社区应急响应队团队将其作为参考。

设备和用品	购买日期	数量	检查日期
工具类			
□闪光信号灯或矿灯			
□电池和备用灯泡			
□多功能手电筒			
□电压表/绝缘笔			
□多功能工具刀			
□登山扣			
□15 米安全绳			
□荧光棒（12 小时发光）			
□多功能公共设备关闭工具			
□撬棍			
□口哨			
□胶带			
□宽胶带（5 厘米宽）			

续表

设备和用品	购买日期	数量	检查日期
□折叠锯			
□医用剪刀			
□无火花型可调扳手			
急救类			
□10cm×10cm 的纱布敷料（6 块）			
□三角绷带（4 条）			
□绷带卷			
□检伤分类分诊带（4 色）			
□腹部护垫（4 块）			
□急救止血敷片（套装）			
□创可贴			
□抗生素软膏			
□抗菌洗手液			
信息记录类			
□便签本			
□签字笔/圆珠笔			
□有纸夹的笔记板			
□记号笔（粗/细笔尖）			
□橙色喷漆			
□突发事件指挥系统表格			
个人穿戴类			
□手表			
□雨披			
□护膝			
□帽子（依季节变化）			
□备用袜子			
□备用内衣			
个人用品类			
□水（2 壶或 2 瓶）			
□净水剂（药片）			
□脱水食品			
□湿毛巾			
□卫生纸			
□毯子/枕头/书			
□紧急联系卡			
□个人药品			
□SPF30＋防晒霜			
□太阳镜			
□备用眼镜			
□卫生巾			
□身份证和现金			
□U 盘			
□轮椅充电器			
□备用电池（通用）			
□专用备用电池（助听器等）			
其他类			
宠物用品（拴狗绳、食物等）			

4. 进行灾害脆弱性分析

灾害脆弱性分析包括以下内容：

- 分析当地易发生的灾害；

- 了解当地的救灾方针（包括当地的法律法规）；

- 确定当地的资源基础；

- 分析有可能影响到救援行动的地理和地形特征。

只有对当地易发灾害的脆弱性进行了解、分析，并确定好优先等级之后，才能开展有效的应急响应。任何灾害带来的危险都要通过灾害脆弱性分析进行量化。

完成灾害脆弱性分析需要 5 个步骤：

- 识别当地的易发灾害；

- 简要描述各类灾害；

- 了解社区概况；

- 对各类灾害进行比较，并确定优先等级；

- 利用模拟情境进行测试。

进行脆弱性分析的第一步是：了解所有可能对该地造成影响的灾害，并把信息存储到数据库中。

识别当地易发灾害后，下一步须要做的是制作一份灾害概要文件。该文件应该包含所有被识别的灾害类型，并记录以下信息：

- 频率。灾害大概多久发生一次？

- 等级。灾害的破坏性大概有多大？

- 位置。社区哪些地方最容易受到影响？

- 面积。社区有多大面积可能受到影响？

- 持续时间。灾害预计会持续多久？

- 季节性。灾害是否更容易在一年中特定的时间范围内发生？

- 发生速度。灾害发生的速度有多快？

- 预警。该种灾害的预警系统是否到位？

灾害纪要文件有可能非常复杂，但也可制作成如表 2-4 所示比较简单的形式，建议为每类灾害都制作纪要文件。

表 2-4 所在社区易发灾害的特征

	洪灾	火灾	地震
发生频率	很有可能发生	极有可能发生	极有可能发生
破坏程度	有限	有限	很大
位置	河边	分布广泛	分布广泛
影响面积	发生地	发生地	大
持续时间	<1 周	几天	1 天~几周
季节性	春季	任何时间	任何时间
发生速度	慢	快	快
预警	12~24 小时	无	无

下一步是调查各类灾害的概况，并掌握以下信息：

● 社区的可能受灾区域；

● 受灾区域中的建筑类型；

● 受灾区域的基础设置；

● 受灾区域的人口数量；

● 可能对受灾区域提供援助的机构。

5. 制作社区基本信息文件

使用表 2-5 来记录各类灾害对社区各方面产生的影响的相关信息。

表 2-5 灾害与社区基本相关信息

	洪灾	火灾	地震
可能的受灾区域	● 沿河的低洼地区	● 公寓	● 整座城市都会受到影响 ● 市区和乡村都会受到影响
建筑类型	● 住宅区 ● 商业区	● 住宅区 ● 商业区	● 住宅区 ● 商业区 ● 政府机构
基础设施	● 交通路线 ● 污水处理厂	● 交通路线 ● 安全阀	● 交通路线 ● 安全阀
人口	所有居民： ● 少数民族聚集区 ● 养老院 ● 学校	所有居民： ● 少数民族聚集区 ● 养老院 ● 学校	所有居民： ● 少数民族聚集区 ● 养老院 ● 学校 ● 医院
响应机构	● 市政工程 ● 商业企业	● 消防部门 ● 医疗部门 ● 如果是森林火灾，军方会参与救灾	● 消防部门 ● 医疗部门 ● 公安部门 ● 各政府部门

6. 确定灾害的优先等级

在表格左侧列出各类灾害的名称，并以此掌握各类灾害的特征。所有信息输入完毕后，为每类灾害打分，根据各类灾害的总得分确定优先等级顺序，见表2-6。

表2-6 灾害的优先等级完整分析示例

灾害	频率	等级	预警时间	严重程度	特殊注意事项（自定义）	总分
洪灾	● 很有可能发生（4） ● 有可能发生（3） ● 发生可能性较小（2） ● 不可能发生（1）	● 灾难性的（4） ● 严重的（3） ● 有限的（2） ● 可忽略不计的（1）	● 最短（4） ● 6～12小时（3） ● 12～24小时（2） ● 24小时以上（1）	● 灾难性的（4） ● 严重的（3） ● 有限的（2） ● 可忽略不计的（1）	● 保护基础设施 ● 维护紧急出入口 ● 建立防洪坝	7
火灾	● 很有可能发生（4） ● 有可能发生（3） ● 发生可能性较小（2） ● 不可能发生（1）	● 灾难性的（4） ● 严重的（3） ● 有限的（2） ● 可忽略不计的（1）	● 最短（4） ● 6～12小时（3） ● 12～24小时（2） ● 24小时以上（1）	● 灾难性的（4） ● 严重的（3） ● 有限的（2） ● 可忽略不计的（1）	● 疏散 ● 开放避难场所	12
地震	● 很有可能发生（4） ● 有可能发生（3） ● 发生可能性较小（2） ● 不可能发生（1）	● 灾难性的（4） ● 严重的（3） ● 有限的（2） ● 可忽略不计的（1）	● 最短（4） ● 6～12小时（3） ● 12～24小时（2） ● 24小时以上（1）	● 灾难性的（4） ● 严重的（3） ● 有限的（2） ● 可忽略不计的（1）	● 疏散 ● 开放避难场所 ● 避难场所是否够用 ● 公共设备修复 ● 恢复紧急出入口的时间	16

第3单元

消防安全与设施控制

在本单元将学习以下内容：

● **火灾基础知识**：火灾是如何发生的，火灾分类，选择正确的方法扑救各类火灾。

● **火灾和设施安全隐患**：居民和办公场所的火灾和设施安全隐患，火灾预防的途径。

● **社区应急响应队评估**：如何实施连续的信息收集，灾害或应急现场场景的评估步骤。

● **火灾评估的注意事项**：如何评估火灾、获取灭火器材并做出行动决定。

● **灭火器材**：手提式灭火器的类型和操作步骤。

● **火灾扑救中的安全防护**：试图灭火时如何做出决定，如何安全地接近着火点并成功灭火。

3.1　简介和单元概述

在严重的灾害发生时，消防部门的首要任务是营救生命和处置大规模的火灾事故。灾害发生后，他们可能遇到道路受阻、天气恶劣、供水不足、物资短缺等困难。

1. 单元目标

本单元学习结束后，学员应该掌握以下内容：

● 说明社区应急响应队在消防安全中的作用。

● 辨识并降低居民和办公场所的火灾隐患和设施安全风险。

● 掌握社区应急响应队评估过程的 9 个步骤。

● 针对火灾紧急情况开展基础性评估。

● 正确操作手提式灭火器。

● 掌握基本的安全注意事项，包括：

　　■ 安全防护装备；

　　■ 设施控制；

　　■ 两人伙伴同行；

　　■ 后援小组。

● 用灭火器扑救初期火灾。

2. 单元内容

本单元将为学员提供减少或消除火灾危险和扑灭初期火灾的知识和技能。

本单元将介绍以下主题：

● 关于火灾的基础知识；

● 家庭、工作单位和社区的火灾和设施安全隐患；

● 社区应急响应队评估；

● 火灾评估的注意事项；

● 灭火器材；

● 火灾扑救中的安全防护。

本单元学习结束后，学员将有机会利用手提式灭火器扑灭火灾。

3. 社区应急响应队成员的作用

消防安全中，社区应急响应队成员在以下方面发挥着重要作用：

● 在火灾失控前扑救初期火灾。

本单元将会讲授如何使用灭火器扑救初期火灾，以及如何判断火势是否过大以至于无法扑救。按照惯例，如果 5 秒钟后火势仍未熄灭，则这起火灾已经过大，应立即撤离着火区域。

● 通过移除可燃物避免火势扩大。

本单元将会讲述扑灭火灾后，如何确保燃烧完全熄灭，且不会发生复燃。这个过程被称为翻查。

● 必要时安全地关停公共设施。

本单元将回顾第 2 单元讲授的关停程序。

● 必要时协助疏散。

当火势大到超出社区应急响应队成员能力范围的时候，社区应急响应队成员需要通过疏散该区域人员并划定安全区域的方式保护人员生命安全。

4. 社区应急响应队成员的职责

社区应急响应队成员在居民和办公场所的消防和设施安全中起着很重要的作用。在专业力量到场之前，社区应急响应队成员应遵照以下标准来实施响应：

● 救援人员的安全永远是第一位的。因此，社区应急响应队成员应当：

■ 全程保持两人共同工作；

■ 全程穿戴防护装备（手套、头盔、护目镜、防尘口罩、防护鞋或防护靴）。

社区应急响应队的目标是为最多的人做最有帮助的事！！！

3.2 火灾基础知识

火灾的定义：在时间或空间上失去控制的燃烧所造成的灾害。

没有火焰的燃烧，即阴燃，存在三个要素才能发生：

● **引火源**：引火源能够使可燃物的温度升高至燃点。

● **可燃物**：燃烧的可燃物可以是固体、液体或者气体。不同的类型和数量将决定采用何种方式灭火。

● **氧气**：当空气中的氧气浓度高于 20% 时，大部分物质才可以燃烧。没有了氧气，就算持续加热可燃物，大部分物质就算温度升高到气化，也不会燃烧。

这三个要素称之为"火三角"，三者共存则产生一个化学放热反应，这就是燃烧。

1. 火四面体

有焰燃烧发生所需的四个要素（见图 3-1）：

● **引火源**：引火源能够使可燃物的温度升高至燃点。

● **可燃物**：燃烧的可燃物可以是固体、液体或者气体。不同类型和数量的可燃物将决定灭火所采用的方式。

● **氧气**：当空气中的氧气浓度高于 20% 时，大部分物质才可以燃烧。没有氧气，即使持续加热可燃物，大部分物质温度升高到气化，也不会燃烧。

● **链式反应**：由一个单独分子变化而引起一连串分子变化的化学反应。在火灾中，链式反应的主要作用是不断产生热量。

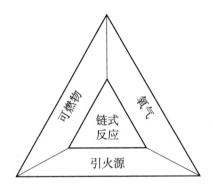

图 3-1　火四面体

2. 燃烧发生的必要条件和充分条件

必要条件	充分条件
● 引火源	● 足够的点火能量
● 可燃物	● 足够的可燃物浓度
● 氧气	● 足够的氧气浓度
● 链式反应	● 未受抑制的链式反应

四个要素中，只要缺少一个要素，燃烧都不会继续发生，火灾就会熄灭！

3. 火灾的分类

为便于扑救火灾，根据燃烧物质的类型对火灾做了分类：

● **A 类火灾**：普通固体物质，如纸张、衣服、木材、橡胶、各类塑料。

● **B 类火灾**：液体或可熔化的固体物质，如烧烤炭专用点火液、煤油。由于氧气无法进入到液体内部，所以这些可燃物都是表面燃烧。点燃时只有其蒸汽燃烧。

- C 类火灾：易燃气体。
- D 类火灾：可燃金属，如铝、镁、钛。
- E 类火灾：带电设备，如电线、电机。断电后，即成为 A 类火灾。
- F 类火灾：烹饪器具内的烹饪物，如植物油、动物油、肥肉。

辨别可燃物的类型对选择正确的灭火途径和灭火剂非常重要。

图 3-2 所示火灾类型的图标与灭火器上的相同。

图 3-2　火灾类型图标

3.3　火灾和设施安全隐患

这部分内容将讲授如何辨识和避免居民和办公场所的火灾和设施安全隐患。每个人的家中或者办公地点都或多或少地存在火灾和设施安全隐患，大部分风险可归入以下三大类：

- 电器安全隐患；
- 燃气安全隐患；
- 易燃液体安全隐患。

简单的防火措施有助于降低发生火灾的可能性：

- 首先，找到潜在的火源。

● 其次，尽力减少或消除安全隐患。

1. 电器安全隐患

下面是一些常见的电器安全隐患，以及避免和减少安全隐患的简单方法。

● 避免电线缠绕在一起，禁止使用电流过大的电器设备，避免将一个拖线板插在另一个拖线板上使用。

● 避免将拖线板放置在布艺沙发下。

● 避免使用大电流变压器为小电流设备充电。

● 定期检查并更换破损的电线。

● 定期维保电器设备，及时维修或更换故障元件。

2. 电器安全措施

尽管大家极力避免，但电器事故还是时有发生。每个家庭成员都应熟知以下电器类事故的应急处置程序。

● 知道断路器或者保险丝的位置，知道如何断电，建议在电路器盒或者保险丝盒旁边贴上操作提示。

● 首先拆下分路的保险丝或关闭分路断路开关，再关闭主开关。

● 恢复供电时，应先开主开关，再逐个安装分路保险丝或闭合分路断路器。

由于不纯净的水具有导电性，严禁进入过水的地下室或者站在水中关闸断电。断路器及保险丝断电步骤见图 3-3。

3. 燃气安全隐患

燃气事故有以下危害：

● 窒息性，阻碍人体内血液的氧气输送；

● 爆炸性，易于被点燃。

4. 燃气安全措施

下面是在家里监测燃气隐患的一些例子：

● 就像在家中安装感烟火灾探测器时应有所侧重一样，例如，燃气在家中每层靠近卧室的区域，尤其是在采暖炉、燃气热水器、其他燃气设备（如烘干机或燃气炉）附近时，应每月检查检测器，

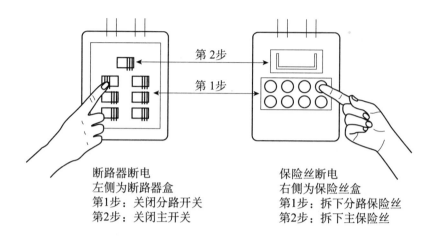

第2步
第1步

断路器断电
左侧为断路器盒
第1步：关闭分路开关
第2步：关闭主开关

保险丝断电
右侧为保险丝盒
第1步：拆下分路保险丝
第2步：拆下主保险丝

图 3-3 断路器及保险丝断电步骤

以确保工作正常。

● 在卧室附近安装一氧化碳检测器。在屋内的每一层和每一个卧室都可以安装附加的探测器。探测器的安装位置距离加热或烹饪设备不应小于 0.4 米，且应远离湿度较大的区域（如卧室）。

● 标注燃气阀门的位置和关闭方向（除了主阀门以外，家中可能还有其他燃气阀门。）

关

图 3-4 阀门关闭位

5. 关闭燃气阀门

（1）燃气表在室内。

如果燃气表在室内，关闭管路上的阀门即可（见图 3-4）。特别要强调的是，如果所有的燃气设备都已关闭，仍然能闻到燃气味或者燃气表的数值仍在跳，则应立即关闭阀门，开窗通风，并拨打 119 报警。

（2）燃气表在室外。

如果所有的燃气设备都已关闭，仍然能闻到燃气味或者燃气表的数值仍在跳，则应立即从室外关闭阀门。如果现场发生火灾且无法扑灭，应立即拨打 119 报警，并在确保安全的情况下关闭阀门。

如果不清楚正确的操作程序，则不应擅自开启燃气设备，特别是涉及其他家庭的情况。务必遵循当地有关部门的指导。

如果出现燃气泄漏，必须由专门的维修人员来更换燃气管线。

请注意，有些燃气表在发生地震和其他紧急情况时会自动关闭阀门。如果不确定家中是否安装有此类燃气表，请联系燃气公司来确认。这类燃气表一旦关闭，必须由专业人员来复原。

绝对不要进入发生火灾的地下室去关闭燃气设备。

如果需要照明来确认燃气阀门的位置，应使用防爆型手电，而不是蜡烛。

6. 易燃液体安全隐患

以下措施可以有效减少易燃液体安全隐患：

● 务必查看标签来确定是什么易燃液体产品；

● 采取 L. I. E. S. 储存原则（控制数量、隔离存放、避免反应、分类储存）。

只能使用专门扑救 B 类火灾的手提式灭火器来扑救易燃液体火灾。

家庭和工作场所可能还有其他危险，包括不相容的物质存放距离过近，如易燃（可燃）物质、腐蚀性物质、压缩气体和爆炸类物质等。

7. 危险化学品

如果物质具有以下列举的任何特征，则可以视为危险化学品：

● 腐蚀其他物质；

● 易燃易爆；

● 与水发生剧烈反应；

● 受热或碰撞时不稳定；

● 通过脾胃吸收、吸入、注射、摄入等途径对人、动物和环境存在一定毒害性。

危险化学品包括以下几类：

- 爆炸品；

- 易燃固体、液体和气体；

- 剧毒品和有毒品；

- 腐蚀性物质；

- 自燃物品；

- 氧化剂；

- 放射性物质。

常见危险化学品标识见图 3-5。

图 3-5　常见危险化学品标识

8. 识别危险化学品的位置

当危险化学品在存储、使用或运输时，有几种方法来确定危险化学品的位置。

- 放置的位置和类型；

- 危险化学品的标识；

● 看（眼）、听（耳）和闻（鼻）。

危险化学品在整个社区都很常见。在许多商业过程中都会使用，在许多零售商店也有出售。在正常情况下，其危险是可控的，但事故和灾害会导致这些危险化学品被释放到周围环境中。

在社区中常见的位置包括：工业场所（如仓库、铁路货物堆场、船厂）、干洗店、殡仪馆、家化用品店、商店、运输车辆（快递、EMS 邮政运输车）等。

9. 感官辨识

无论何种场所或是否有标识标牌和其他警示标志，危险化学品在人们周围无处不在。虽然无法辨识其是否有毒，但通常可以通过感官辨识其存在，危化品往往闻起来、听起来、看起来不同。鉴于此，应该远离任何无法辨识的物质，并通知物业或当地有关部门。

10. 燃烧要素的防火与灭火途径

（1）引火源。

● 防火途径：减少热源，注意高温表面。

● 灭火途径：冷却灭火。

（2）可燃物。

● 防火途径：与引火源保持一定距离，减少集中储存的数量。

● 灭火途径：从受到火灾影响的区域移除。

（3）氧气。

● 灭火途径：从燃烧区域隔离，利用二氧化碳降低氧气浓度。

（4）链式反应。

● 灭火途径：利用化学灭火剂抑制反应。

3.4　社区应急响应队评估

社区应急响应队评估是一个连续的过程，它能够极大地帮助专业响应人员制订决策并采取合适的处置方式。社区应急响应队的评估包括 9 个步骤，普遍适用于各类应急情况。

社区应急响应队评估的9个步骤分别是：

（1）收集信息。发生了什么，涉及多少人，现在的情况如何。

（2）评估损失。了解掌握已经发生了什么，正在发生什么，估计可能造成的后果。

（3）考虑可能性。可能将要发生什么，连锁反应可能会导致什么次生灾害。

（4）评估自身处境。自身是否处在非常危险的环境，是否曾经受过处置这方面情况的训练，能否获得所需的装备器材。

（5）确定优先顺序。是否存在生命威胁，能做什么。记住，生命安全永远是第一位！

（6）做出决策。根据第1步到第5步所得到的答案制订决策，并与已经建立的优先级对应起来。

（7）制订行动方案。制订的方案应有助于按照优先顺序完成任务。如果方案比较简单，可以口头传达；若较为复杂，应书面传达。

（8）展开行动。执行行动方案，记录行动的偏差和情况的变化，以便能够向第一响应人准确通报现场情况。

（9）评估进展。行动展开期间，应定期评估行动进展，确认为了稳定现状，哪些是行之有效的，哪些需要调整。

示例社区应急响应队火灾评估表见表3-1。

表3-1　社区应急响应队火灾评估表

	是	否
第1步：收集信息		
发生时间		
火灾发生的时间是否会影响到灭火？是如何影响到的？		
气象条件		
气象条件是否影响到救援人员的自身安全？会有怎样的影响？		
气象条件是否会影响到灾情的发展？会有怎样的影响？		
建筑类型		
火灾现场涉及哪些建筑？		
火灾现场涉及哪些建筑类型？		

续表

	是	否
建筑使用情况		
这些建筑是否有人使用？ 如果是，可能会有多少人受灾？		
是否存在儿童、老年人、残疾人或者宠物等特殊人群或动物的情况？		
危险源		
现场是否有存在危险化学品的迹象？		
是否存在其他类型的危险源？ 如果是，那是什么类型的？		
第 2 步：评估损失		
查看建筑物四周，观察是否存在超出社区应急响应队处置能力的危险？		
是否已将搜集到的信息和初步灾情评估通报给相关人员？		
第 3 步：考虑可能性		
生命威胁		
是否存在威胁生命安全的潜在危险源？		
如果是，是什么危险源？		
火势蔓延		
火势蔓延方向是否会影响到其他区域？ 如果是，哪些区域可能会被影响？		
其他隐患		
有没有其他极易导致灾害事故并威胁到个人安全的隐患？ 如果是，那是什么隐患？		
第 4 步：评估自身处境		
能够获取哪些灭火器材？		
还能获取什么资源？		
火灾是否能被社区应急响应队成员安全地扑救？ 如果不能，就不要尝试去灭火。		
第 5 步：确定优先顺序		
还有哪些是迫切需要的？ 如果有，请列出来。		
第 6 步：做出决策		
在保证最基本的安全的同时，这些可获取的资源用在何处最有效？		
第 7 步：制订行动方案		
确定如何部署人员和其他资源。		
第 8 步：展开行动		
执行既定计划。		
第 9 步：评估进展		
持续评估灾害现场在以下方面的变化： ● 灾情范围； ● 安全风险； ● 可用资源。		
视情调整策略		

3.5　火灾评估的注意事项

火灾的评估将影响是否做出灭火的决策，并有助于制订灭火的行动方案。

社区应急响应队评估是包含 9 个步骤的连续过程，能够帮助成员在最需要的方面制订决策并做出合理的应对。评估进展（第 9 步）可能需要回过头来收集更多的信息。

社区应急响应队成员的个人安全永远是最重要的。

有效的火灾评估将帮助回答以下所有问题：

- 我和同伴有没有合适的器材装备？
- 是否还有其他的危险源？
- 建筑的主体结构是否被破坏？
- 我和同伴能否安全撤离？
- 我和同伴是否能安全地扑救火灾？

1. 灭火器材

最常用的灭火器材有：

- 手提式干粉灭火器；
- 室内消防竖管；
- 窒息灭火器材。

其他一些灭火器材则称为简易灭火器材。

手提式灭火器对扑救初期火灾是非常重要的。一般来说，居民或工作场所一个计算单元内应针对其火灾类型配备至少 2 具手提式灭火器。

燃烧物质的种类决定了使用哪种类型的灭火器来扑救。

由于手提式灭火器的通用性及普遍性，该部分将着重介绍。

2. 灭火器的类型

主要有 5 种类型的灭火器：

- 清水灭火器；

- 泡沫灭火器；

- 干粉灭火器；

- 二氧化碳灭火器；

- 特殊灭火器。

火灾分类、灭火剂和灭火途径见表 3-2。

表 3-2　火灾分类、灭火剂和灭火途径

火灾分类	灭火剂	灭火途径
普通固体物质　A	水	消除引火源
	泡沫	隔离空气并消除引火源
	干粉	破坏链式反应
可燃液体　B	泡沫	隔离空气
	二氧化碳	
	干粉	破坏链式反应
电器设备　E	二氧化碳	隔离空气
	干粉	破坏链式反应
可燃金属　D	特殊灭火剂	通常隔离空气
烹饪器具内的烹饪物　F	化学灭火剂	通常隔离空气

灭火器维修合格证	
№ 0490002	电话：
水压试验压力：	MPa
总质量： kg	检验员：
维修日期： 年 月 日	
地址：	
单位：	

图 3-6 灭火器维修合格证

（2）标签。

● 可扑救的火灾类型；

● 操作程序（见图 3-7）。

3. 灭火器的分类和标识

手提式干粉灭火器经分类并认证，分类依据为扑救不同种类火灾的灭火效能，生产商应标注灭火器的灭火能力。

（1）许可证。

● 维修合格证（见图 3-6）。

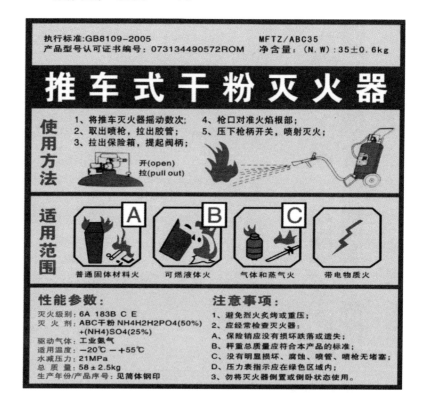

图 3-7 标签示例

（3）清水灭火器。

清水灭火器的参数包括：

- 容量：2～9 升；
- 灭火距离：3～5 米；
- 压力：1.2 兆帕。

使用清水灭火器尤其应当注意，确保喷射出的水不会冲散轻质物质而导致火灾蔓延。

（4）干粉灭火器。

干粉灭火器是使用最普遍的灭火器。

- 干粉灭火器中的碳酸氢钠成分对扑救 B 类和 C 类火灾非常有效。（俗称 BC 类干粉灭火器）
- 多用途干粉灭火器的磷酸二氢铵成分对扑救 A 类、B 类和 C 类火灾非常有效。（俗称 ABC 类干粉灭火器）

干粉灭火器的参数包括：

- 容量：约能够喷射 10～15 秒；
- 灭火距离：3～5 米；
- 压力：1.2～1.7 兆帕。

二氧化碳灭火器和特殊灭火器较之干粉灭火器，并不常用。

3.6　决定是否使用灭火器扑救火灾

在尝试使用灭火器扑救火灾前，应该问一问自己以下这些问题：

- 如果我要扑救火灾，现场有没有两条快速、安全的撤离路线？（自己和同伴的安全永远是第一位的。）
- 我有没有正确类型的灭火器来扑救此类火灾？
- 现场有没有足够多的灭火器去扑灭火灾？
- 火灾现场是否没有诸如危险化学品和坠落物等其他危险？

如果上述任何一个问题的答案是否定的，或者 5 秒钟内无法扑灭火灾，则应：

- 马上撤离发生火灾的建筑物。
- 为减缓火势蔓延，撤离时关闭所有的门。

如果上述问题的答案都是肯定的，才可尝试扑救火灾。即便上述问题的答案都是肯定的，如果感到没有能力扑灭火灾，也应立即撤离。再次强调5秒钟原则。

如果能够在5秒钟内扑灭火灾且现场是安全的，社区应急响应队成员应留在现场翻查燃烧物。翻查的过程是为了寻找隐蔽的燃烧或者火星，以确保火灾不会复燃。翻查燃烧物应采取"彻底冷却、完全浸透、尽量分离"的方式。

3.7　灭火器材

1. 手提式灭火器

手提式灭火器的组成部分见图3-8。

2. 操作步骤（P. A. S. S.）

使用前请检查灭火器的压力表（见图3-9）：

- 红色——压力过低；

- 绿色——压力正常；

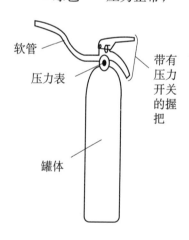

图3-8　手提式灭火器的组成部分

软管
压力表
带有压力开关的握把
罐体

图3-9　灭火器压力表

- 黄色——压力过高。

绝不要使用压力表为红色的灭火器！

灭火器的 P. A. S. S. 操作步骤：

- Pull 拔（拔掉插销前，请先检查压力表）；

- Aim 瞄；

- Squeeze 压；

- Sweep 喷。

接近火点前，应确保灭火器完整好用。应瞄准火焰根部。灭火器一旦喷完灭火剂，应集中放置储存，以确保重新重装前不会被再次使用。操作步骤见图 3 - 10。

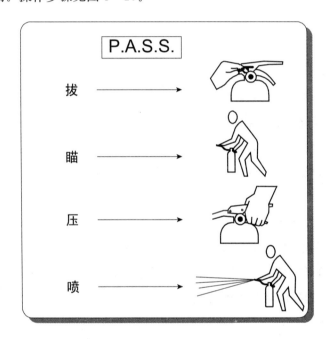

图 3 - 10　P. A. S. S. 操作步骤

3. 室内消防竖管

室内消防竖管通常设置在办公楼或居民楼内，一般装配 20 米长，65 毫米或 50 毫米口径的胶里水带和可调节式直流水枪。

应两人共同操作一个室内消防竖管。

1 号员：将水带从消火栓箱内取出，确保水带铺设无打结。铺设好后，示意 2 号员开启供水阀门。

2 号员：待 1 号员示意后，开启供水阀门。随后到 1 号员身后协助其把持水枪。

由于水带内的胶里是干燥的，充水过程可能会持续 1 分钟。

4. 限制火势蔓延

在室内空间中，可通过关闭门窗等出入口的方式限制烟气和热量的蔓延。

3.8　火灾扑救中的安全防护

扑救初期火灾是社区应急响应队成员的职责之一。不管灾害有多严重，社区应急响应队成员的自身安全永远是首先应该考虑的。如果由于疏忽或者危险动作导致受伤，将无法帮助任何人。

1. 灭火行动安全原则

● **全程佩戴个人防护装备。**佩戴好头盔、护目镜、防尘口罩、皮手套和防护鞋（靴）。如果没有这些装备来确保安全，务必从建筑中撤离。

● **两人结伴共同作业。**同伴在确保彼此安全上发挥着重要的作用。不要独自扑救火灾。

● **尽可能组建一个后援小组。**后援小组能够在需要时提供帮助。

● **永远确保两条撤离火场的路线。**火灾蔓延的速度远超人们的想象。为防止首选撤离路线被封堵，应始终确保一条备用的撤离路线。

● **别轻易开门。**如果发现新鲜空气从门的底部进入，火灾烟气从门的上部溢出，永远不要碰那扇门。

● **用手的背部触碰门板，并按照从下至上的顺序。**在感知门的温度之前，不要触碰把手。如果门是烫的，说明门背后起火了。务必不要进入！如果开门，将为内部燃烧提供新鲜氧气。

● **限制火势蔓延，尽可能保证门是关闭状态。**

● **保持低姿，贴近地面。**火灾烟气一般会浮在上面，保持低姿，贴近地面将保证能够呼吸到新鲜空气。

● **保持安全距离**。记住灭火器的有效喷射距离，过分靠近燃火点完全没有必要。

● **撤离现场时，永远不要背对着火焰。**

● **翻查燃烧物能够确保其彻底被扑灭。**

2. 火灾扑救中的禁忌

火灾扑救中的禁忌与必须做到的那些事项一样重要。

距离着火点过近。确保着火点在灭火器喷射距离以外，如果感觉温度较高，一定是太近了。

独自扑救火灾。谨记自身安全最重要，别冒险。

尝试扑救大型火灾。知道自己的灭火器材的灭火能力。当火势明显超出能力范围时，不要尝试去扑救（如火灾规模大于现有灭火器的总灭火能力）。

进入充烟区域。社区应急响应队成员没有扑救充烟区域火灾的必要装备。

3. 正确的火灾扑救程序

两人结伴同行原则适用于所有情况。

● 1 号员使用灭火器扑救火灾。

● 2 号员观察现场的安全隐患，确保两人的安全。

下面是正确的火灾扑救程序：

（1）准备区待命。1 号员拔掉灭火器插销，在距离起火点 6 到 8 米处瞄准火焰。

（2）准备接近起火点时，1 号员报"准备"，2 号员回应"准备"。

（3）1 号员在前进时应报"进入"，2 号员应重复 1 号员每次报出的口令。

（4）两人都应一步一步靠近起火点。1 号员应观察火势变化，2 号员应将手搭在 1 号员肩上，紧跟其后。2 号员的职责是保护 1 号员。

（5）当1号员准备撤离火场时，应报"撤离"，2号员应重复1号员的口令。

（6）由于1号员一直面朝起火点及其他危险，2号员应用手引导1号员撤离。1号员必须始终保持正面面对火场。

3.9　练习：扑灭初期火灾

1. 目的

这个练习将使学员掌握灭火的两个关键环节。

- 使用手提式灭火器扑救初期火灾；
- 在灭火行动中采取团队合作的方式。

2. 指导

（1）确定可能的撤离路线、现场的风向，以及火势是否蔓延。

（2）要求1号员从上风方向接近起火点（风应从学员的背后吹来）。当距离起火点约5米时，1号员应开始对准火焰根部喷射灭火剂，直至到达最佳喷射距离。

（3）1号员应向火焰根部喷射灭火剂直至扑灭火焰。

3.10　单元小结

有效的火灾扑救取决于对以下内容的理解：

- 燃烧产生的必备要素；
- 涉及的可燃物种类；
- 火灾分类；
- 扑救各类火灾所需的和所能获取的灭火器材；
- 有效的火灾扑救技术。

燃烧需要引火源、可燃物和氧气才能发生。

6种火灾类型：

- A类：普通固体物质。

- B 类：液体或可熔化的固体物质。
- C 类：易燃气体。
- D 类：可燃金属。
- E 类：带电设备。
- F 类：烹饪器具内的烹饪物。

为选择合适的灭火器，辨识现场的火灾类型非常重要。

手提式灭火器是扑救初期火灾最常用的灭火器材。罐体上的标签标明了其能够有效扑灭的火灾类型。

按照"拔、瞄、压、喷"的步骤操作手提式灭火器。使用时，拔掉插销之前，务必先检查压力表。

扑救火灾前，一定要遵循社区应急响应队安全防护原则。

当不知危险化学品是什么材料时，应保持距离，并立即寻求专业人员的帮助。

3.11　作　业

下次授课前，每位学员应该：

阅读和熟悉第 4 单元：灾害医疗行动（第 I 部分）。

为下节课准备：

- 1 盒方形绷带；
- 1 卷纱布；
- 1 个防尘口罩；
- 1 副检查手套；
- 1 条毯子。

参加下节课时，请穿着宽松的衣服，以便更好地参与灾害医疗救护实战练习。

第4单元

灾害医疗行动（第Ⅰ部分）

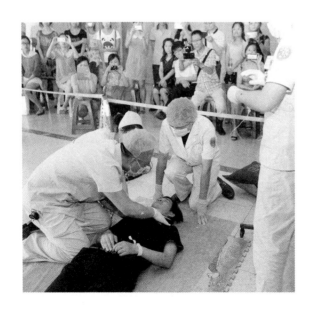

本单元将学习以下内容：

- **致命伤的治疗**：如何辨识并处理气道阻塞、出血和休克。
- **检伤分类**：检伤分类的原则和如何评估检伤分类。

4.1 简介和单元概述

社区应急响应队成员学习灾害医疗行动的必要性是基于两项假设：

- 受灾人数超出当地医疗承载容量；
- 幸存者愿意尝试救助别人，社区应急响应队成员须要熟悉急救方法或灾后生存技术。

对创伤性死亡不同分级的描述，对于社区应急响应队医疗行动非常重要：

- 第一级：对重要器官造成严重的、不可逆的损害，并在数分钟内引起死亡。
- 第二级：造成大出血，并在数小时内引起死亡。
- 第三级：发生感染或多器官功能衰竭（即外伤并发症），在数天或数周内导致死亡。

上述分级是灾害医疗行动实施（尽快识别最严重的损伤和优先救治致命性伤害）的基础。应当通过提供简单的医疗护理来救助处于创伤性死亡第二、三级的受灾者。

另外，灾难中还会出现下述情况：受灾人数多于救援人数，或者医疗专业人员不能马上就位。这时社区应急响应队成员就可以提供灾害医疗行动救助：

- 为致命性状况（气道阻塞、出血及休克）及其他次紧急状况提供治疗。
- 通过简单分类及快速处置，为最多伤者提供最有效的帮助。

1. 简单分类及快速处置（START）

简单分类及快速处置（simple triage and rapid treatment，

START）是灾难伤亡早期处理的一个重要概念。

过往的经验证明：简单的（快速）医疗护理可以救助40％的受灾人员。START的前提是简单验伤以及在此基础上的快速处置可以产生正面（快速获救）结果。

ST＝简单分类 simple triage：START的第一步是根据伤势及治疗优先级决定如何将伤者分类的过程。

ART＝快速处置 and rapid treatment：START的第二步包括根据第一阶段的评价和优先级别对伤者进行的快速处置。

鼓励所有社区应急响应队成员接受基本的急救及心肺复苏（CPR）培训。当然，已经接受过急救培训的人员应当知道，社区应急响应队还包括了当时间不允许对很多伤者进行分离和治疗时，该如何处理的灾害医疗行动。本教程不教授心肺复苏，因为这一操作需要大量的体力和时间，在伤者众多及暂无专业救助的情况下并不适用。

2. 单元目标

本单元结束时要求团队成员能够达到以下要求：

● 能够识别"三大杀手"。

● 能够进行开放气道、止血及治疗休克的操作。

● 能够在模拟灾难情况下进行检伤分类。

灾害医疗行动的目标是使尽量多的伤者受益。灾害中如果存在很多伤者，时间势必紧张，这时社区应急响应队成员必须迅速高效地救助尽量多的伤者。

3. 单元内容

这部分课程将介绍检伤分类的原则，包括"三大杀手"的治疗：气道阻塞、大出血及休克。

通过本单元学习，学员有机会进行治疗技术的练习。

本单元学习结束前，学员还有机会在模拟灾害状况下进行检伤分类评估演练。

4.2 致命伤的治疗

在急救医学中，气道阻塞、大出血和休克被称为"三大杀手"，因为如果不及时治疗，死亡会随之而来。医疗行动的第一要务就是控制这些潜在致死因素，手段如下：

- 开放气道；
- 止血；
- 治疗休克。

本节会通过辨别这些"杀手"的临床症状以及在身体上产生的反应来训练团队成员对它们的识别能力。

1. 接触受灾者

以下讨论一些接触受灾者的一般原则。

救援人员必须首先确定自己配备了安全装备：

- 头盔；
- 护目镜；
- 手套；
- 防尘口罩；
- 结实的鞋或靴子；
- 非乳胶检查手套。

在工作手套内戴好非乳胶检查手套可以节省时间。这种情况下，当社区应急响应队队员发现伤者，就可以摘下工作手套立即准备对伤者进行救助。

要用非乳胶检查手套，以防出现有人对乳胶过敏的潜在危险。

当队员将要接触伤者时，有必要进行的一些步骤：

- 伤者意识清醒时，确保他/她能够看到救援人员。
- 告知自己的姓名及隶属的组织以表明身份。
- 治疗前务必要获得当事人同意。如果伤者意识不清，可以假设他/她已经"默许同意"，则可以进行救治。如果可能，救治儿童时须要取得家长或监护人的许可。

● 无论何时都要尊重文化差异。例如，在某些伊斯兰传统中，当要取得许可去救治家庭中女性成员的时候，习惯上应当与家庭中的男性进行沟通。

2. 开放气道

呼吸系统由以下部分组成（见图 4 - 1）：

● 肺；

● 支气管；

● 喉；

● 咽；

● 鼻腔；

● 气管。

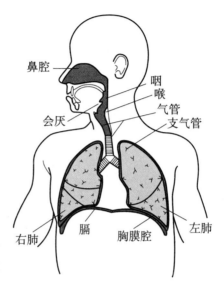

图 4 - 1　呼吸系统组成

当伤者丧失意识或者意识不清时，尤其伤者又处于仰卧位，舌头易引发气道阻塞。舌头（一块肌肉）会舒张并堵住气道。此时必须立即对疑似发生气道阻塞的伤者进行呼吸检查，如果需要，则开放气道。开放及阻塞的气道对比见图 4 - 2。

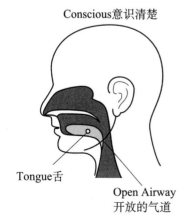

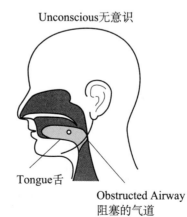

图 4 - 2　开放及阻塞的气道对比

当怀疑意识丧失或意识不清的伤者存在气道阻塞时，社区应急响应队成员可以使用仰头抬颌法清理气道。

除了打开气道，此方法可以尽量少或不造成颈椎的活动，因为仅对头部进行了操作。

在开放气道中正确的操作是非常重要的，但如果伤者众多时，速度也同样重要。

仰头抬颌法包括以下七步：

● 第一步：自己与伤者距离一臂的距离，轻拍伤者并询问："你听得到我吗？"声音洪亮但不要大喊。

● 第二步：如果伤者没有反应，将一只手的手掌放置于伤者前额部位。

● 第三步：将另一只手的两指放于伤者颌下，向上抬起下颌，同时使头部轻轻向后倾斜。

● 第四步：将耳朵靠近伤者嘴巴，观察其双脚，一手放置于伤者腹部。

● 第五步：观察胸部起伏。

● 第六步：仔细聆听呼吸声。

　　■ 注意，听到呼吸声后，社区应急响应队成员应当会辨别异常呼吸声（哮鸣声、鼾声、水泡声等）。

　　■ 当出现任何异常声音时，该伤者的级别均升至"I"（即刻处理）。须要提醒的是，根据这些体征进行诊断并不在社区应急响应队成员职责范围内。

● 第七步：感受腹部活动。

如果伤者呼吸已经恢复，继续保持头部后仰以保持气道通畅。如果呼吸未恢复，重复第二至七步。

3. 练习：开放气道

说明：本练习让队员两两组合，在彼此身上练习使用仰头抬颌法。

步骤：

● 将团队分配成不同小组进行练习。

- 指定右侧人员模拟伤员，左侧人员模拟救援人员。
- 让伤员仰卧在地板上并闭上眼睛。
- 让救援人员使用仰头抬颌法对伤者进行开放气道。
- 救援人员演练 2～3 次仰头抬颌法后，两人互换角色。
- 使每个学员都能够演练 2～3 次仰头抬颌法。

逐对进行检查并纠正不恰当操作。

如果呼吸已经恢复，仍然须要保持气道通畅。一种选择是请另一个人固定头部在原位置，这一工作甚至可以由轻伤伤员来完成。还可以通过在伤者双肩下放置柔软物体以轻轻抬高双肩从而打开气道来保持气道通畅。

社区应急响应队成员非常重要的一个任务是救助尽可能多的伤者。出于这个原因考虑，如果伤者在首次仰头抬颌法后呼吸未能恢复，社区应急响应队成员可以再次使用同样方法救治，如果两次救治后伤者呼吸仍不能恢复，则应直接转而救助下一位伤者。

一定要时刻考虑伤者头、颈部、颈椎损伤（这些在结构坍塌中都非常常见）。只要应用得当，用仰头抬颌法来开放气道很少会造成颈椎损伤，因为头部只在脊柱竖直方向活动。

须要强调的是，在"三大杀手"的治疗中，气道阻塞的检查永远是放在首位的。

4. 止血

严重出血最初引起虚弱症状，如果出血得不到控制，伤者会在短时间内休克并最终死亡。成人血量一般为 5 升，失血超过 1 升即导致死亡。

通常根据血流的快慢将出血分为三种类型（见图 4-3）：

- 动脉出血：动脉压力大，动脉出血呈喷射状。
- 静脉出血：静脉压力小，静脉出血呈流动状。
- 毛细血管出血：毛细血管压力很小，出血呈渗出状。

有三种主要的止血方法：

- 直接压迫法；

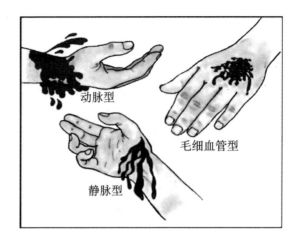

图 4-3　出血的三种类型

● 抬高止血法；

● 压力点止血法。

直接压迫法和抬高止血法可以控制住 95％ 的出血。

（1）直接压迫法。

通过直接压迫法进行止血的过程：

● 第一步：用在伤口上放置干净的衣物并用力固定的方法对伤口施以直接压迫。

● 第二步：通过在伤口衣物上用力缠绕压力绷带来维持伤口压力。

直接压迫法和抬高止血法需要 5～7 分钟才能完全止血。衣物和压力绷带的应用使得救援人员可以转而救助下一位伤者。

压力绷带要系蝴蝶扣，这样可以将它解开（而不是切断）检查伤口，然后再重新系上。这一细节可以节省物资及时间。

绷带维持了止血所需要的直接压力，但社区应急响应队成员要继续评估伤者状态。如果伤者在使用绷带后出现肢体变紫或麻木，则须要放松绷带。

（2）抬高止血法。

抬高止血法可以和直接压迫法同时应用。

抬高伤处，使它高于心脏水平。

身体很难通过自身泵血对抗重力，因此，将伤处抬高超过心脏水平可以减少血流和伤口出血。

（3）压力点止血法。

压力点止血法也可以阻止出血。

最常用的压力点有（见图 4 - 4）：

● 胳膊上的肱动脉止血点；

● 大腿上的股动脉止血点；

● 膝盖后的腘动脉止血点。

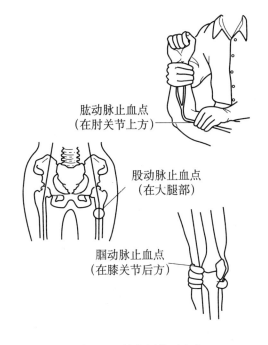

肱动脉止血点
（在肘关节上方）

股动脉止血点
（在大腿部）

腘动脉止血点
（在膝关节后方）

图 4 - 4　最常用的压力点

要根据创伤位置来选择压力点。正确的压力点应当在伤处和心脏之间。

鼓励社区应急响应队成员培养伤者在任何可能的情况下使用这些方法止血，以达到自救的目的。

5. 练习：止血

说明：本练习让学员相互在彼此身上练习止血技术。

步骤：学员两人分为一组。每个学员都要练习使用压力绷带和抬高止血法。

按照下面步骤进行练习：

● 将团队两人分为一组。

● 一人扮演伤者，另一人扮演救援人员。

● 让伤者仰卧在地板上并闭上双眼。

● 要求救援人员使用直接压迫法对右前臂肘关节下方的模拟伤口进行止血。要求救援人员：

  ■ 使用压力绷带；

  ■ 抬高上肢；

  ■ 重复上述两步；

  ■ 快速重复前两步。

● 救援人员每个操作至少演练 3 次后，两人互换角色。（注意：在实施 3 次演练过程中要注意由慢到快）

● 逐组巡查并纠正不恰当操作。一般错误包括绷带过松，没有系蝴蝶扣而是系死扣，或不舒适的抬高姿势以致难以维持。

保证每个学员的每项技术都至少被教官指导过一次。

6. 止血带（可选）

社区应急响应队成员会在止血点应用直接压迫法及抬高止血法来处理大多数出血情况。但是，如果这些方法不能有效止血并且专业人员无法迅速赶到，那么，止血带就是救治出血引起死亡的一个可行的选择。当没有其他更好的方法来控制四肢出血时，止血带无疑是最后一招（无论是保住性命还是保住肢体）。

但是止血带的应用少之又少，通常只有在四肢的一部分缺失或碎裂并且没有更好的止血方法的情况下才会使用。

止血带正确的使用与操作：

● 止血带是绷带的一种，当将其固定于肢体并收紧后，可以切断包扎范围之外肢体的供血。

● 止血带会对肢体产生损伤，但它可以在其他方法无效而专业人员未能及时赶到的情况下阻止严重失血，防止伤者死亡。

● 可以应用任何长的、扁平的、柔软的材料代替止血带（绷带、领带、腰带或长袜）。不要使用像绳索、电线、细绳等可能割伤人体的材料。

止血带的使用：

● 将止血带放置于伤口与心脏之间（例如，如果伤口在手腕，可以将止血带绑在前臂）。

● 将其缠绕在四肢部。

● 放置小棍、笔、尺子或其他坚硬的物体来撑住止血带，并绕着这个物体系一个结，这样这个物体与肢体就存在一个着力点。

● 用这个小棍或坚硬的物体作为杠杆扭动这个结，紧紧固定住肢体，收紧绷带直到停止出血。

● 系住肢体上这个杠杆的一端或两端进行救治并保持压力。

● 对使用止血带的伤者进行醒目的标记，同时标明止血带使用时间。

● 止血带一旦使用，中间不得松开。

● 只有部分专业人员才能移除止血带。

7. 止血回顾

控制严重出血有三种主要方法：

● 直接压迫法；

● 抬高止血法；

● 压力点止血法。

为了防止伤者因为失血而死亡，应当尽快止血。社区应急响应队成员应当一直佩戴非乳胶检查手套、护目镜和防尘面具，以防血液感染。

8. 认识和治疗休克

休克是身体得不到足够的血液供应时发生的一种状况。当血液不能正常循环时，氧气及其他营养物质不能输送到各组织器官，血管开始闭合，造成器官损伤。如果仍然没有及时治疗，器官则可能完全衰竭，休克则会迅速恶化。

休克状态的持续会引起以下的死亡：

● 细胞；

● 组织；

● 整个器官。

社区应急响应队成员应当发现的休克的主要体征包括：

● 急促的浅表呼吸；

● 毛细血管再充盈时间超过 2 秒；

● 无法执行简单指令，例如"抓住我的手"。

（1）评估呼吸状况。

急促的浅表呼吸，即每分钟呼吸 30 次以上。

（2）评估循环状况。

毛细血管的再充盈指的是"缺血试验"。理想位置为掌心，有时会用到甲床。毛细血管再充盈时间应该在 2 秒内。

缺血试验不适用于儿童，而精神状态的评估应当作为其主要指标。

另外一种评估循环状况的方法是测试桡动脉搏动。这种方法可以在黑暗或寒冷环境中代替缺血试验使用。

寻找桡动脉搏动方法如下：将一手中指和无名指放在另一只手手腕内侧面靠近拇指一侧的位置上，以寻找桡动脉搏动。常规桡动脉搏动频率为 60～100 次/分。

（3）评估精神状态。

评估精神状态的方法有很多：

● 询问"你还好吗"？

● 发出简单指令，例如"抓住我的手"。

● 如果注意到伤者可能存在语言障碍或听力损伤，直接伸出双手握住伤者一只手。如果可以，伤者会抓住你的手。

（4）休克的治疗。

机体在早期对失血有一定的代偿，并且会掩盖休克症状，因此，休克常常很难诊断。一个休克患者有可能意识清楚，没有不适，事实上这种情况并不少见。这时一定要注意细节，因为对于休克的失察会造成严重的后果。

治疗休克的步骤：

● 第一步：保持气道畅通。

● 第二步：止血。

● 第三步：维持体温。

避免粗暴或过度处理。强调保持伤者体温的重要性。如有必要，在伤者身上和/或身下铺盖毯子或其他物品来隔绝极端气温（热或冷）。使伤者仰卧，双脚高于心脏水平 15～25 厘米，以保证身体重要脏器的供血。

虽然休克的伤者一定会很渴，但他们早期一定不能进食或饮水，因为这时容易发生呕吐和呛咳。

9. 练习：治疗休克

说明：本练习让学员两两组合，在彼此身上练习治疗休克的步骤。

识别和治疗休克的要点：

● 一个伤者可能有休克的一条或多条表现。

● 只要有任何怀疑休克的理由，应立即实施治疗。

按照下面的步骤进行练习：

● 就像前面的练习一样，将团队分为两人一组。

● 请在上一个练习中先扮演救援人员的学员在这轮练习中先扮演伤者。

● 请伤者仰卧于地板并闭上眼睛。

● 向救援人员解释下面的情况：

　　■ 你遇到了一个丧失意识的伤者，他的上臂伤口有大出血，并且出血时间不明。你帮他止了血。

■ 接下来你该做什么？

● 让救援人员对伤者进行治疗。

● 观察每一个救援人员对休克的治疗情况。不要让学员将毯子放在伤者脚下。在灾害应对中毯子非常缺乏，不应当用在不重要的环节上。

● 救援人员的休克治疗被认为合格后，两人互换角色。

所有学员都结束练习后，讨论练习中观察到的不适当操作，以及如何在以后的使用中避免出现这些问题。

在灾难环境下，有太多受灾者要关注，但可用资源又非常有限。下面的培训内容将应用之前学到的技术来决定受灾者接受治疗的先后顺序。这就是检伤分类。

4.3 检伤分类

在大规模伤亡事件中，医务人员会：

● 识别死亡及重伤不治者。

● 将相对的轻伤者送至等候区等待接受治疗。

● 识别有致命伤的伤者并立即进行治疗。

这些情况就是医务人员在进行检伤分类（此为法语外来词，意思是分类）。

1. 什么是检伤分类

在医疗分类过程中，要评估伤者，根据治疗需要的紧急性进行分类，然后决定是立刻治疗还是延迟治疗。

事实上，检伤分类由军队而来。经验表明，检伤分类在下面这些情况下是一种非常有效的策略：

● 伤者远远多于救援人员；

● 资源有限；

● 时间紧张。

伤者被转运或救出后应当尽快进行检伤分类。根据伤者评估情况，将其划分为四类：

● 即刻处理（I）：伤者有致命性损伤（气道、大出血或休克），须要立即处理以挽救生命，急需迅速的救生治疗。这类伤者须要以红色标签或标有"I"的标签标示。

● 延迟处理（D）：损伤不会危及伤者生命。这类伤者也需要专业护理，但治疗可以稍后进行。这类伤者须要以黄色标签或标有"D"的标签标示。

● 轻伤（M）：伤后仍能行走且一般状况较好。这类伤者须要以绿色标签或标有"M"的标签标示。

● 死亡（DEAD）：尝试两次开放气道后仍无呼吸。心肺复苏是一对一救治，需要耗费大量体力，因此在受灾人数远超过救援人数时无法实施。这类伤者须要以黑色标签或标有"DEAD"的标签标示。

通过检伤分类，伤者被安置到特定的医疗区域（即刻处理、延迟处理或殓房），见图4-5。

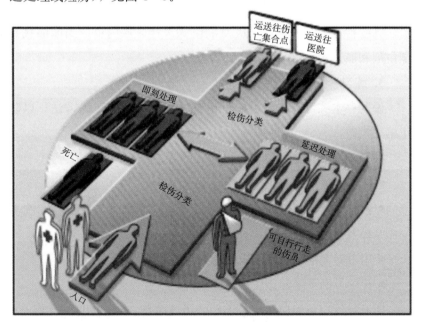

图4-5　医疗区域划分

社区应急响应队成员不救援 DEAD 类受灾者。如果环境转为安全，且适宜进行此项工作，社区应急响应队成员可以将 DEAD 类受灾者转运到殓房。

建议将殓房设置于远离其他区域的位置，这一点对于灾难幸存者的身心健康至关重要。习惯上，用蓝色油布标示和覆盖殓房区域。

2. 检伤分类中救援人员的安全

如果存在危险因素，救援人员的安全是最重要的。社区应急响应队成员应当远离这些场所，避免造成自身伤害及减少传播感染的风险。

检查伤者时，救援人员必须穿戴全套安全设备，包括非乳胶检查手套、护目镜、头盔及防尘口罩，并且在检查不同伤者时，尽量更换手套。由于供给有限，处理每个伤者都更换新的手套并不现实。这种情况下，更换伤者时，可以使用消毒剂对手套进行消毒（漂白剂与水比例为 1∶10）。社区应急响应队团队的救灾装备中应当有一盒非乳胶检查手套。在社区应急响应队医疗区域内也应当能够找到漂白剂和瓶装水。

3. 练习：摘下检查手套

说明：本练习旨在练习摘下污染的检查手套的正确方法，以防止感染扩散。

按照下列步骤进行练习：

● 让学员戴上一双非乳胶检查手套。

● 教官绕教室一周，给每位学员一小滴剃须膏，让学员像洗手一样摩擦双手。

● 用手套上的剃须膏再次演示摘下手套的步骤。

● 让学员摘下手套，注意不要碰到剃须膏或造成飞溅。

所有社区应急响应队成员须能够迅速而熟练地完成这一操作。

4. 灾难环境中的检伤分类

社区应急响应队成员在进行检伤分类时遵守的一般步骤：

● 第一步：停下来看，听，想。团队开始行动前，先停下来，通过观察和聆听周围环境来预估一下形势。考虑一下自身的安全、能力、局限因素，确定是否能够处理当下形势。如果决定继续行动，须要迅速形成一个所有成员都能明白的方案计划。

● 第二步：进行口头分类。以大喊"这里是社区应急响应队，如果你还能走路，请到我这里来"开始救援，声音洪亮，表达清楚。如果有还能行走的幸存者，标志为"M"并将其引导至指定位置。如果救援人员需要协助，且有可以走动的幸存者，则可以要求幸存者提供帮助。这些人也可以提供关于受灾者所在位置的有效信息。注意，分类时，这些人一定要标记为"M"。

● 第三步：从社区应急响应队成员站立的地方开始，遵守一定的线路。从距离最近的受灾者开始，并且按照一定的模式和线路向外扩散救援。

● 第四步：对每一个受灾者进行评估和标记。"I"即刻处理，"D"延迟处理，"M"轻伤，或者"DEAD"死亡。记住不要忘记评估可以走动的伤者。如果伤者意识清楚，一定要记得治疗前取得伤者同意。

● 第五步：立刻治疗"I"类受灾者。对"I"类受灾者进行初步的气道开放、止血和/或抗休克治疗。

● 第六步：将下列分类结果进行记录：

   ■ 资源的有效调度；

   ■ 受灾者定位信息；

   ■ 根据严重等级确定的伤亡人数的快速记录。

在检伤分类中，救援人员的安全是头等重要的。为了避免社区应急响应队成员的人身伤害，穿戴适当的保护设备非常重要。

5. 检伤分类中对受灾者的评估

评估的步骤及流程见表 4-1。

要求社区应急响应队成员能够非常好地完成快速检伤分类评估，目标是在 15～30 秒内完成。

6. 记录检伤分类

在检伤分类中记录受灾者（标记为"I""D""M""DEAD"的人数）和他们的位置。检伤分类记录示例见表4-2。

在灾难中时间非常有限，社区应急响应队成员一定不要在某一个受灾者身上耗费太多时间。社区应急响应队成员要做的是使尽可能多的受灾者受益。

为了能够在大规模伤亡事件中做出有效反应，社区应急响应队成员必须：

● 根据全面预估形成计划；

● 按计划行事；

● 记录所有行动。

表4-1 评估的步骤及流程

步骤	流程
(1)	检查气道/呼吸。距离伤者一臂距离，轻触伤者并大声呼唤。如果伤者没有回应，那么： ● 保持正确的气道位置。 ● 看、听、感觉。 ● 检查呼吸频率。呼吸异常增快（超过30次/分）意味着休克。保持气道通畅，治疗休克，标注"I"。 ● 如果低于30次/分则进行第2步。 ● 如果伤者在两次开放气道后依然没有呼吸，则将其标注为"DEAD"。
(2)	检查循环状况/出血。 ● 即刻采取措施控制严重出血。 ● 用压迫试验（测试毛细血管再充盈状况）或测试桡动脉搏动来检查循环情况。 　■ 压迫一处皮肤至正常肤色消失，观察恢复正常肤色所需要的时间。如果这一时间超过2秒，标记为"I"，进行抗休克治疗。 　■ 或者测试桡脉搏动。 　■ 如果存在，继续下一步。 　■ 注意脉搏是否异常（快、细、弱等）。 　■ 如果消失，标记为"I"，并进行止血和抗休克治疗。
(3)	检查精神状况。 ● 伤者无回应则意味着须要立即进行抗休克治疗。 ● 进行抗休克治疗并标记为"I"。

表 4-2　检伤分类记录示例

状态	位置			
	A	B	C	D
I	1	2	0	1
D	0	2	5	3
M	10	11	7	15
DEAD	3	7	1	0

社区应急响应队成员平时应该经常练习检伤分类技术，对避免出现检伤分类中的缺陷会有所帮助。

检伤分类中的缺陷包括：

● 缺乏团队计划、组织或目标；

● 缺乏决策能力的领导；

● 过多注意某一个伤者；

● 没有分类进行治疗。

7. 检伤分类决策流程

8. 练习：进行检伤分类

目的： 在高压情况下练习进行检伤分类。

（1）学员分为三组。每个学员都会有一张卡片贴在自己的 T 恤上，卡片上描述了他们的医疗状态。每组学员都会轮流进行检伤分类。

（2）会有三轮练习，使每个学员都有机会练习检伤分类。每一轮中，一组为救援人员，另外两组为受灾者。每个学员都有一次机会扮演救援人员。

（3）救援人员必须在有限时间内：

● 预估形势并做出行动计划。

● 进行检伤分类并为了便于后续治疗对每一位受灾者进行标记。

● 记录每一分类等级中的受灾者人数（即刻处理、延迟处理、轻伤、死亡）。

请带好自己的检伤分类表格进入受灾地区。

按照下列步骤进行练习：

（1）在教室中将学员分成三组。发给每组一套受灾者状况卡。

第一步：

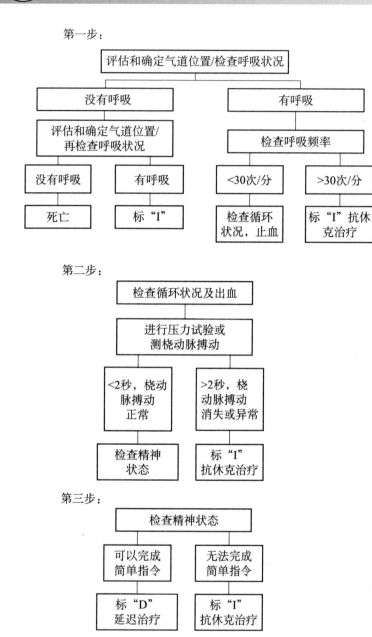

第二步：

第三步：

每个学员都有一张卡片。

（2）在第一轮中，第二、三组作为受灾者留在教室中。每个人都要把自己的受灾者状况卡贴在自己的 T 恤上。一位教官留在教室协助学员完成这一工作。

（3）在第一轮中，第一组为救援人员。第二、三组在教室内布置灾难场景的同时，第一组走出房间，快速形成行动计划。第二位教官应当从旁观察救援人员的简要计划会议。

（4）2 分钟之后，第一组进入教室对受灾者进行检伤分类，要在每位受灾者的状况卡上标记上"I""D""M"或"DEAD"。

（5）给救援人员 5 分钟时间完成检伤分类。教官在这期间观察救援人员的操作。

（6）在第二轮中，第二组为救援人员。

（7）在第三轮中，第三组为救援人员。

三组全部完成练习后，将三组集合，对检伤分类的结果进行讨论：

● 在检伤分类中，救援人员遇到的问题。

● 在短时间内，并且在压力之下进行检伤分类有何感受。

教官让救援人员交流一下感受：在实际情况下，时间限制给他们带来的压力如何。

4.4 单元小结

● 社区应急响应队成员开放气道、控制出血和治疗休克的能力对于挽救生命至关重要。

 ■ 使用仰头抬颌法开放气道。

 ■ 止血方法有：直接压迫法、抬高止血法和压力点止血法。

 ■ 如果怀疑受灾者处于休克状态，作为预防措施，应当对其进行抗休克治疗。

● 检伤分类是一种迅速评估受灾者伤势并按序治疗的一种系统，有四个分类等级：

 ■ 即刻处理（I）；

 ■ 延迟处理（D）；

 ■ 轻伤（M）；

- 死亡（DEAD）。
- 灾难环境下的检伤分类包括 6 个重要步骤：
  - 停下来看、听、想，迅速形成行动计划；
  - 进行口头分类；
  - 原地开始，系统地推进；
  - 评估和标记所有受灾者；
  - 立即治疗的受灾者，标记为"I"类；
  - 结果进行记录。
- 进行检伤分类评估的过程包括检查：
  - 气道和呼吸频率；
  - 循环和出血；
  - 精神状态。

灾难医疗行动需要详尽的计划、团队合作和不断的实践，无论何时被安排，学员都一定要好好把握进行团体间灾难练习的机会。

4.5 作 业

在下一节课之前阅读和熟悉第 5 单元内容：灾难医疗行动（第 Ⅱ 部分），并按要求携带毯子、纱布、胶布、布基胶带和硬纸板。

灾害医疗行动（第Ⅱ部分）

本单元将学习以下内容：

● **公共卫生的注意事项**：如何进行卫生防护和维持环境卫生。

● **灾害医疗行动的构成**：灾害医疗行动的五个主要构成是什么，以及它们是如何体现作用的。

● **建立医疗区**：如何建立医疗区，以及它们的作用是什么。

● **伤者评估**：为了鉴定和治疗伤情，如何进行从头到脚的评估。

● **基础治疗**：

- 治疗烧伤；

- 伤口护理；

- 治疗骨折、脱位、扭伤和拉伤；

- 治疗鼻部损伤；

- 治疗与冷相关的损伤；

- 治疗与热相关的损伤；

- 治疗叮咬伤。

5.1 简介和单元概述

1. 单元目标

本单元结束后，应该掌握以下内容：

● 采取适当的公共卫生措施来维护公众健康；

● 对伤者进行从头到脚的评估；

● 建立医疗区；

● 能够给疑似骨折和扭伤患者进行夹板固定；

● 对其他损伤进行基础治疗。

2. 单元内容

本单元将介绍以下主题：

● 简介和单元概述；

● 公共卫生的注意事项；

● 灾难医疗行动的构成；

- 建立医疗区；
- 伤者评估；
- 治疗烧伤；
- 伤口护理；
- 治疗骨折、脱位、扭伤和拉伤；
- 治疗鼻部损伤；
- 治疗与冷相关的损伤；
- 治疗与热相关的损伤；
- 治疗叮咬伤；
- 单元小结。

5.2　公共卫生的注意事项

当受灾者被集中在一起进行治疗时，公共卫生就成为须要特别注意的事件。无论是单个的社区应急响应队组织还是整个社区应急响应队项目都必须采取措施避免疾病的传播。

主要的公共卫生措施包括：

- 进行适当的卫生防护；
- 保证一定的环境卫生；
- 水的净化（如果必要的话）；
- 防止疾病传播。

1. 进行卫生防护

即使在临时情况下，进行一定的卫生防护也是至关重要的。

进行卫生防护应当遵循的步骤有：

- 用肥皂和水经常洗手。应当彻底洗手（用力搓洗手部所有表面至少 15～20 秒）。

酒精性洗手液（不需要水）可以很好地代替肥皂。要使用酒精含量不低于 60％的产品。使用酒精性洗手液时，要倒二分之一茶匙的洗手液在手掌上，双手对搓，覆盖手的所有表面，直到手自然变干。

● 要一直戴着非乳胶检查手套。检查和/或治疗完每个受灾者后，要更换手套或对手套消毒。就像前面讲的，在野外环境中，在治疗不同受灾者前，可以使用用漂白剂和水（1∶10）消过毒的橡胶手套。

● 戴防尘面具和护目镜。

● 保持敷料的无菌状态。使用时才能打开敷料的外包装。如果可能，打开包装后，敷料要一次用完。

● 用肥皂和水或稀释过的漂白剂尽可能地彻底清洗接触过体液的区域。

即使在演习中，保持适当的卫生防护也是非常重要的。

2. 保持环境卫生

环境卫生差也是造成感染的主要原因之一。

社区应急响应队成员可以通过以下措施保持环境卫生：

● 进行病菌源的处理（例如，污染的检查手套、敷料等）。

● 将废物放进塑料袋，将袋子封好，将其标记为医疗垃圾。将医疗垃圾与其他垃圾分离，并按照有害废物进行处理。

● 掩埋人体废物。在远离医疗区域的地方选择一个掩埋地点，为了善后方便，对掩埋地点进行标记。

即使在演习中，保持环境卫生也是必要的。

3. 水的净化

灾难环境中，饮水经常是非常短缺甚至是没有供应的。为此，可以用下面的方法对水进行净化以做饮用、烹调及医疗用途：

● 将水煮沸 1 分钟或使用水净化剂。

● 用无味的液体漂白剂，漂白剂与水的比例为：

　　■ 每 3.8 升水中加入 8 滴漂白剂；

　　■ 如果水混浊或较脏，则为每 3.8 升水中加入 16 滴。

将漂白剂和水溶液静置 30 分钟。注意，如果水溶液没有漂白剂的气味或味道，再加 6 滴漂白剂，在用之前再静置 15 分钟。

除了净化过的水之外，救援人员不能在伤口上使用其他液体。

如果要在伤口使用其他液体（例如双氧水），必须有受过专业医疗训练的人员的指示。

4. 防止疾病传播

社区应急响应队成员在所有医疗行动过程中必须使用非乳胶检查手套、护目镜和防尘面具。作为防止疾病传播的一种应对措施，必须对所有开放性伤口进行覆盖。

5.3　灾害医疗行动的构成

灾害医疗行动有 5 个主要构成：

● 检伤分类：根据伤势严重程度对需要治疗的受灾者进行初步评估和分类。

● 转运：将受灾者从事发地转运到医疗区的活动。

● 治疗：为受灾者提供灾害医疗行动服务。

● 殓房：在医疗区中死亡的受灾者暂时的存放地。在检伤分类中标记为"DEAD"者不必从事发地移走。

● 补给：重要供给品的集散中心。

检伤分类和转运是搜救行动和医疗行动都具有的职能。灾害医疗行动的构成见图 5-1。

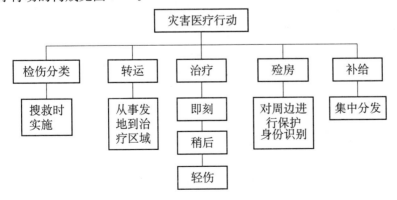

图 5-1　灾害医疗行动的构成

5.4 建立医疗区

社区应急响应队成员行动时，时间非常紧迫，因此一旦确定有伤者，社区应急响应队医疗行动人员就要马上选择地点建立医疗区。

想要找到最适合作社区应急响应队医疗区的地点，应该全面考虑到以下几点：

● 救援人员和受灾者的安全；

● 资源的最有效利用，例如社区应急响应队成员自身安全、时间、医疗供应。

1. 救援人员和受灾者的安全

在找到受灾者并实施救援和检伤分类后，应当将他们转运到可以接受治疗的地方。周边损毁的严重程度和直接环境的安全性决定了社区应急响应队初步医疗区的设立地点。在所有情况下，救援人员自身安全应当是首先考虑的。

● 在轻度损毁的建筑中，社区应急响应队成员要原地对受灾者进行检伤分类；然后在安全地点进行进一步的治疗。在这类建筑中，按照受灾者伤势的程度对其进行组织。

● 在中度损毁的建筑中，社区应急响应队成员也要原地对受灾者进行检伤分类；但是，要将受灾者送到距离事发地点有一定安全距离的医疗点，再按照受灾者伤势对其进行组织。

无论医疗区设置在建筑内，还是距离建筑物有一个安全距离，都须要设立一个殓房，作为暂时存放在医疗区中死亡的受灾者的区域。伤者的分流见图5-2。

除了受灾者被发现时所处建筑的损毁严重程度之外，还有两点重要的安全注意事项：

● 医疗区本身应当是没有危险和碎片坠落的区域；

● 这个地点只能是接近危险地带的上坡和上风口的区域。

医疗区地点的选择见图 5-3。

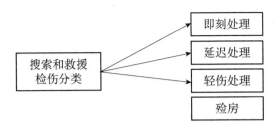

图 5-2　伤者的分流

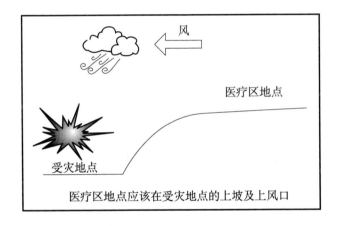

图 5-3　医疗区地点的选择

2. 最有效地利用社区应急响应队资源

除了救援人员和受灾者的安全之外，建立医疗区的下一步综合考虑就是如何充分利用社区应急响应队资源，例如社区应急响应队成员自身、时间、医疗供给及设备。

为了克服资源有限的困难，尤其是如果初步救治措施需要持续一段时间，社区应急响应队可能需要分散的医疗点和/或建立中心医疗点，这须要根据周围情况而定。

社区应急响应队可能要在他们的医疗行动计划中包含下面的一种或全部：

● 分散的医疗点：在一个范围广、伤者多的事件中，有时须要建立和维持不止一个医疗点，尤其是在中心医疗点距离初始治疗位置距离相当远时。

- 医疗点应该设在接近每个损毁地点的地方（距损毁地点有一定安全距离）。每个医疗点都应当有即刻处理区、延迟处理区、轻伤区和殓房。
- 受灾者在可以被转去专业医疗护理地点或社区应急响应队的主治疗区之前，在这个医疗点要持续接受治疗。

● 中心医疗点：如果一个事件中有几个事发地，每个事发地中仅有一个或几个伤者，社区应急响应队可能须要建立一个中心医疗点。甚至已经建立了分散医疗点，可能还是须要建立中心医疗点。

- 受灾者从被救援、检伤分类和初步治疗的地点被运送到中心医疗点，在可以被转去专业医疗地点之前，在这个地方要持续接受治疗。
- 中心医疗点应考虑资源的有效利用，因为一个医疗点的社区应急响应队行动人员数量有限，难以照顾众多的受灾者。

● 相比于众多的分散医疗点，中心医疗点通常更有利于急救人员或医疗专业人员对伤者进行转运。

● 无论医疗点是中心医疗点或者是众多分散医疗点中的一个，这个地点都应当是：

- 便于运输工具接近的（救护车、卡车、直升机等）；
- 可扩展的。

3. 医疗区的布局

必须保护和清楚地圈定医疗区。应该用标志来标示区域内的详细分区：

● "I" 是即刻处理；

● "D" 是延迟处理；

● "M" 是轻伤/可以行走的伤者；

● "DEAD" 是死亡。

医疗区的清晰标示可以帮助将受灾者安置在正确位置。

"I" 区和 "D" 区应当相对靠近，这样可以允许：

● 医疗区内工作人员间的口头交流；

● 共用通向医疗供给（应该储藏在中心区域）的入口；

● 容易转运病情发生变化的伤者。

确定为轻伤的受灾者可以选择待在医疗区或者离开。如果他们选择待在医疗区，可以为社区应急响应队成员提供帮助。如果离开，则需要登记。

医疗区伤者应当能够全身着地，且两个伤者之间要有 0.5～1 米的间距。

殓房的位置应当远离医疗区，且在医疗区视线范围之外。

医疗区体系应实现：

● 空间的有效利用。

● 现有人员的有效利用。救援人员为一位伤者进行完从头到脚的评估后，要转而找到并处理下一位伤者。

事发地/检伤分类地与医疗区之间的距离取决于医疗区是独立于社区应急响应队的服务区，还是更靠近服务区。医疗区场地布局见图 5-4。

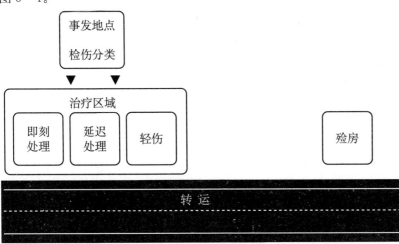

区域布局展示了事发地点、检伤分类、转运和殓房的组织。

图 5-4　医疗区场地布局

4. 医疗区的组织

社区应急响应队一定要指派组长维持对每个医疗区的运作。组长会：

- 保证受灾者的有序安置；
- 指导助理人员进行伤者从头到脚的评估。

在医疗区要对伤者进行的详细记录，包括：

- 有效的辨识信息；
- 基本情况（年龄、性别、体型、大概身高）；
- 所穿衣物；
- 伤情；
- 治疗情况；
- 转运地点。

5.5 伤者评估

处理伤者时，社区应急响应队成员要做的第一步就是检伤分类和快速治疗。当将一个区域内所有伤者都被分类并移送至医疗区域后，社区应急响应队成员要开始对伤者的情况进行彻底的从头到脚的评估。

检伤分类期间，要注意"三大杀手"：

- 气道阻塞；
- 大出血；
- 休克。

为了获取更多信息以确定伤者伤情的本质，从头到脚的评估的意义超过了对抗"三大杀手"。整体评估必须在初步治疗之前进行。

1. 从头到脚评估的目的

- 尽可能清楚地确定受伤的程度；
- 决定需要哪种类型的治疗；
- 对伤势进行记录。

社区应急响应队成员对伤者进行从头到脚的评估时一定要穿戴安全装备。

2. 在从头到脚的评估中要寻找什么

医疗团体用"DCAP-BTLS"这个缩略词来记忆进行快速评估时要寻找的内容。DCAP-BTLS 代表（见图 5 - 5）：

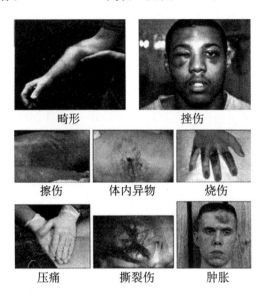

畸形	挫伤	
擦伤	体内异物	烧伤
压痛	撕裂伤	肿胀

图 5 - 5　DCAP-BTLS

- 畸形 deformities；
- 挫伤 contusions；
- 擦伤 abrasions；
- 体内异物 punctures；
- 烧伤 burns；
- 压痛 tenderness；
- 撕裂伤 lacerations；
- 肿胀 swelling。

社区应急响应队成员在进行从头到脚的评估时，应当在伤者身体所有部位寻找 DCAP- BTLS。

评估完成后应对致命性伤害即刻进行治疗。

社区应急响应队成员应当对伤者如何受伤（受伤的机制）尤其注意，因为这可以为可能出现的伤害提供线索。

3. 何时何地进行从头到脚的评估

可以在轻度损毁的建筑中进行从头到脚的评估。如果建筑被中度损毁，应当将伤者移送至安全地带或医疗区再进行从头到脚的评估。

4. 如何进行从头到脚的评估

无论何时都应该询问伤者关于损伤、疼痛、出血或其他症状的情况。如果伤者意识清楚，社区应急响应队成员在进行评估前一定要获得伤者的同意，伤者有权拒绝治疗。

为了减轻焦虑并使其保持意识清醒，社区应急响应队成员要与伤者不断交流。

从头到脚的评估应当：

- 对所有受灾者进行，包括那些看起来情况很好的人；
- 口头交流（如果对方能说话）；
- 亲自动手，不要因害怕而不敢动手去脱掉伤者的衣物进行检查。

系统地进行从头到脚的评估非常重要。这样做能使对个体的评估过程更加迅速而准确。记住：

- 细心观察；
- 看、听和感受任何异常情况；
- 对所有丧失意识的伤者都要怀疑存在脊柱损伤并进行相应治疗。

在对出血伤者进行从头到脚评估时，要检查自己的双手。

按照以下顺序从头到脚检查伤者身体各个部位骨骼的连续性和软组织损伤情况（DCAP-BTLS）：

- 头部；
- 颈部；

- 肩部；
- 胸部；
- 上肢；
- 腹部；
- 骨盆；
- 下肢。

进行从头到脚的评估时，社区应急响应队成员应当总是检查：

- 所有肢体的 PMS（脉搏、活动度、感觉）；
- 手环或颈环上的医学身份标志（检伤分类卡）。

（1）闭合性头部、颈部或脊柱损伤。

进行从头到脚的评估时，救援人员可能会遇到这样的情况：伤者存在或可能存在闭合性头部、颈部或脊柱损伤。

闭合性头部损伤是一种震荡性损伤，它与撕裂伤完全相反。虽然撕裂伤可能是伤者存在闭合性头部损伤的表征。

当社区应急响应队成员遇到头部及脊柱的可疑损伤时，主要的目标就是避免二次损伤。在治疗其他致命性病情的同时，应该尽量少移动头部和脊柱。

在进行从头到脚评估时保持伤者脊柱在一条直线上。

闭合性头部、颈部或脊柱损伤最常见的特征包括：

- 意识的改变；
- 不能活动一处或多处身体部位；
- 头部、颈部或背部严重的疼痛或压痛；
- 肢体的刺痛或麻木；
- 呼吸或视物困难；
- 头部或脊柱严重的出血、挫伤或变形；
- 鼻或耳出血或有液体流出；
- 耳后挫伤；
- "浣熊"眼（眼周挫伤）；
- 瞳孔不等大；

● 抽搐;

● 恶心或呕吐;

● 伤者是在倒塌的建筑物或沉重的碎片下被发现的。

如果伤者有上述情况中的任何一种,都应该按照存在闭合性头部、颈部或脊柱损伤对他/她进行治疗。

(2) 固定头部。

在灾难环境中很少有理想的设备。社区应急响应队成员可能需要这样创造性地工作:

● 寻找任何可以找到的能当作背板的东西(门、桌面、建筑材料);

● 寻找可以将伤者头部固定在背板上的东西(毛巾、布帘或衣服),可以用在头部一侧紧紧系住的方法进行固定。

只有出于对救援人员和伤者的安全考虑,或当专业救援无法及时赶到,并同时已经建立了处理复杂伤者的医疗中心时,才能移送伤者。

灾难环境中,检伤分类和从头到脚的评估并非常规行为。

如果救援人员或伤者处在紧急的危险中,安全比任何潜在的脊柱损伤都要重要。救援人员和伤者的安全是首先要考虑的。

5. 练习:从头到脚的评估

目的:练习互相进行从头到脚的评估。

请按照下列步骤进行:

(1) 让团队两人一组进行练习。试着将互相不熟悉的两人分作一组。这样有助于模仿灾难环境中的从头到脚的评估。

(2) 右边的人员为伤者,左边的为救援人员。

(3) 让伤者躺在地板上并闭上眼睛。

(4) 让救援人员按照之前演示的流程对伤者进行从头到脚的评估,并复述评估过程。

(5) 救援人员的评估过程至少被检查过两次后,伤者和救援人员交换角色。

（6）每个救援人员的评估过程至少被检查过两次。

（7）所有人员都扮演过救援人员后，讨论开始时表现出来的一些问题或不恰当的操作。教官解释如何在紧急事件中避免这些问题。

注意：每一步中救援人员应该寻找什么，以及为了更好地判断损伤，每一步中救援人员应该把他/她的手放在哪儿，以及怎样放。

5.6　治疗烧伤

就像之前一直做得那样，治疗烧伤的第一步也是进行全面的评估。这里举一些在烧伤评估中会问到的问题：

- 烧伤是什么引起的？
- 还有危险吗？
- 燃烧何时停止？

烧伤急救的目的是：

- 给烧伤部位降温；
- 覆盖无菌敷料以降低感染的风险。

烧伤可能是高温、化学品、电流及辐射引起的。烧伤的严重程度取决于：

- 燃烧物体的温度；
- 受伤部位的暴露时间；
- 身体的受伤部位；
- 烧伤部位的大小（见图 5 - 6）；
- 烧伤深度。

对那些没有明显的烧伤原因，但看起来像是烧伤的情况要极为小心。这些烧伤可能是化学烧伤，对救援人员存在威胁。

1. 烧伤分类

皮肤有三层结构（见图 5 - 7）：

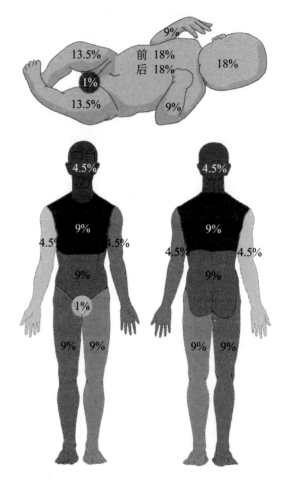

图 5-6 烧伤部位的大小

●表皮，或者说是皮肤的表层，内有神经末梢，且有毛发穿过。

●真皮，或者说是皮肤的中间层，内有血管、皮脂腺、毛囊和汗腺。

●皮下组织，或者说是皮肤的最里层，内有血管，位于肌肉之上。

烧伤根据其严重程度可能对皮肤的三层结构都有伤害。

根据其严重程度，烧伤可以分为表层烧伤、局部皮层烧伤和全皮层烧伤。烧伤分类见表 5-1。

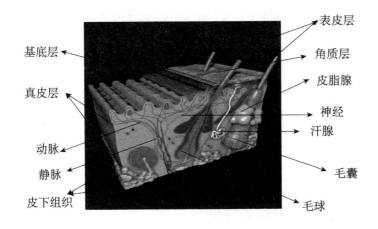

图 5-7　皮肤的结构

表 5-1　烧伤分类

分类	受伤的皮肤层	体征
表层烧伤	表皮	皮肤变红、干燥 疼痛 肿胀（可能）
局部皮层烧伤	表皮 真皮的部分破坏	皮肤变红、起泡 外观潮湿 疼痛 肿胀（可能）
全皮层烧伤	表皮和真皮完全破坏 皮下组织可能损伤（皮肤所有层次，以及一些或所有深层结构的破坏）	变白、皮革样或焦黑（棕色或黑色） 疼痛或相对无痛

2. 烧伤治疗指南

● 使受灾者远离灼烧源。扑灭火焰，移除潜在燃烧的衣物，除非它已经与皮肤粘在一起。

● 如果皮肤或衣物仍然很热，须要给其降温。方法是：将其浸泡在冷水中不超过一分钟，或者覆盖已经浸过冷水且拧干的干净敷料。冷却源包括从盥洗室或厨房打来的水、花园浇花用的软管、浸泡过的敷料、床单或其他布料。治疗全皮层烧伤的受灾者，注意防止其出现休克。婴儿、幼儿、老年人及严重烧伤者对低体温症更加敏感。因此，救援人员在为每个人进行降温处置时都要多加小心。

一个简单的方法就是：为了降低低体温症的概率，一次降温面积不要超过体表面积的15％（一只胳膊的大小）。

● 以干燥无菌的敷料宽松地覆盖，可以保证空气流通、减少疼痛、预防感染。

● 治疗手、脚的严重烧伤时，对手指及脚趾要逐个宽松地进行包扎。

● 松开受伤区域附近的衣物。如果需要，摘掉首饰，同时仔细记录摘掉了什么、何时摘掉，以及将它给了谁。

● 将受伤肢体抬高过心脏水平。

● 不要使用冰。冰会使血管收缩。

● 不要使用抗菌剂、软膏或其他治疗手段。

● 不要清理组织碎片、破裂的水泡，或移除粘住的衣物（绕着烧伤位置将粘住的布料剪开）。

3. 治疗化学性及吸入性烧伤的指南

化学性和吸入性烧伤在发病和治疗方面都有别于传统的热相关烧伤。请记住，如果怀疑受灾者有化学性或吸入性烧伤，要将其状况提升至"Ⅰ"级。

（1）化学性烧伤。

化学性烧伤不像常见的传统烧伤，它不是由高温引起的，因此治疗上有很大不同。

这类烧伤有时并不明显。当受灾者的皮肤被烧伤却并没有火的迹象时，应当考虑可能是化学性烧伤。如果怀疑是化学性烧伤：

● 接触物品时进行自我保护。使用自己的保护装置，尤其是护目镜、面罩和手套。

● 确保所有受伤区域的衣物或首饰都被拿掉。

● 如果刺激物是干燥的，尽可能轻轻地扫掉。一定要避开眼睛，同时避开受灾者和自己。

● 用大量流动的冷水冲洗皮肤上的化学品15分钟，直到紧急救援到达。流动的水可以快速稀释化学品，从而防止伤害的恶化。

● 使用湿冷敷减轻疼痛。

● 用干燥干净的布料宽松地对伤口覆盖，以防止布料粘在伤口上。

● 如果发生休克的话，治疗休克。

（2）吸入性烧伤。

60%～80%的火灾死亡都是由烟雾吸入造成的。只要有火和/或烟雾，无论何时，社区应急响应队成员都应该对受灾者的烟雾吸入症状和体征进行评估。这些是存在吸入性烧伤的表征：

● 意识的突然丧失；

● 呼吸窘迫或上呼吸道阻塞；

● 口鼻周围有熏黑的表现；

● 烧焦的面部毛发；

● 头部或颈部周围的烧伤。

受灾者可能在损伤发生数小时后才出现上述症状和体征（有时会长达 24 小时），所以当治疗更明显的创伤表现时，这些症状可能会被忽视。

烟雾吸入在明火相关致死原因中居首位。如果社区应急响应队成员有理由怀疑受灾者存在烟雾吸入，要确保其气道的开放，并尽快告知专业医疗人员。

5.7　伤口护理

这部分内容重点讲解为了控制感染进行的清创和包扎。

伤口的主要治疗包括：

● 止血；

● 清创；

● 敷料外敷和包扎。

止血的治疗已经在上一单元中学习过了。本部分的重点内容是清创和包扎，这两步有助于防止继发感染。

1. 伤口清创和包扎

应该用干净的室温水对伤口进行冲洗清洁。

一定不能用双氧水冲洗伤口。

不应该用力清洗伤口。提醒：可以用球形注射器来冲洗伤口。灾难环境中，也可以使用玻璃吸管。

彻底清洁伤口后，须要给伤口外敷敷料和进行包扎来帮助保持清洁和止血。

解释敷料和绷带之间的区别：

● 敷料是直接放在伤口上的。只要有可能，敷料都应该是无菌的。

● 绷带是用来将敷料固定在一定位置上的。

如果伤口还有出血，那么伤口上的绷带应当有足够的压力来帮助止血，而且这个压力应该不影响血液循环。

2. 使用敷料的规则

应当按照以下规则：

（1）如果有活动性出血（即敷料被血浸透），应在已有敷料上面重新包扎，并且维持适当的压力和高度来止血。

（2）没有活动性出血，拿掉敷料，冲洗伤口，然后至少每4～6小时检查一次是否有感染体征。

可能感染的体征包括：

● 伤口周围的肿胀；

● 伤口变色；

● 伤口有分泌物；

● 伤口处的红色条纹。

根据重新评估和感染的体征，如果有必要，可以更改治疗的优先级别（例如，从延迟治疗调整为即刻治疗）。

3. 断肢

断肢（某一肢体或其他身体部位的外伤性断裂）的主要治疗方法为：

● 止血；

● 治疗休克。

当找到断裂的身体部位时，社区应急响应队成员应当：

● 如果可以，将这部分组织包在清洁布料或放在塑料袋中保存，并标明日期、时间和受灾者姓名。

● 低温保存这部分组织，但不要直接使用冰。

● 保证断肢在受灾者旁边。

4. 体内异物

社区应急响应队成员可能会遇到一些有异物留在体内的受灾者，这通常都是由灾难期间飞起的碎屑造成的。

当异物进入受灾者体内时，社区应急响应队成员应当：

● 固定受伤的身体部位；

● 除非异物阻塞了气道，否则不要尝试活动或移除它；

● 尝试在刺入口处止血，同时不要在异物上施加过大的压力；

● 清洁和包扎伤口，确保内部异物位置固定。在异物所在部位缠绕大量敷料，防止移位。

5.8　治疗骨折、脱位、扭伤和拉伤

治疗疑似骨折、脱位、扭伤和拉伤时，治疗目标是立即固定伤处和伤处上下的关节。

因为骨折、脱位、扭伤和拉伤很难区分，如果难以确定是哪种损伤，社区应急响应队成员可按照骨折进行治疗。

1. 骨折

骨折是某一骨骼的完全折断、骨片剥落或出现裂缝。

● 闭合性骨折是指没有联合伤口的骨的碎裂。闭合性骨折的急救治疗只要求用夹板固定。

● 开放性骨折是指有某种污染物可进入的伤口或骨折周围有伤口的骨的碎裂。

闭合性和开放性骨折见图 5-8。

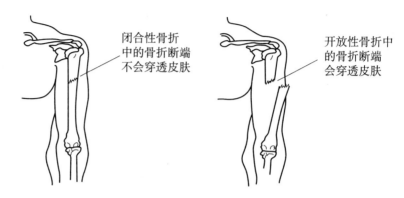

闭合性骨折中的骨折断端不会穿透皮肤

开放性骨折中的骨折断端会穿透皮肤

图 5-8 闭合性和开放性骨折

（1）治疗开放性骨折。

开放性骨折比闭合性骨折更危险，因为它会造成大出血和感染的重大风险。因此，它具有很高的优先级别，需要频繁检查。

治疗开放性骨折时：

● 不要将暴露的骨折断端强行复位到组织中。

● 不要冲洗伤口。

社区应急响应队成员应该：

● 用无菌敷料盖住伤口；

● 用夹板固定骨折部位，不要影响到伤口；

● 在骨折的断端放一块湿润的方形敷料，防止其变干燥。

（2）移位和无移位骨折。

如果肢体是成角的，那么就存在移位骨折。移位骨折可以通过骨片的移位程度进行描述。

无移位骨折的主要体征是疼痛和肿胀，通常难以识别。应该按照骨折对疑似骨折伤者进行治疗，直到可以接受专业治疗。

移位和无移位骨折见图 5-9。

2. 脱位

脱位是紧急情况下的另外一种常见的损伤。

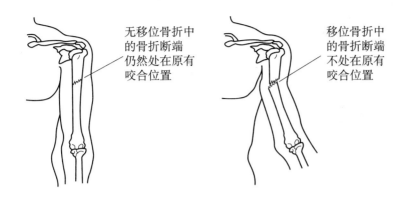

无移位骨折中的骨折断端仍然处在原有咬合位置

移位骨折中的骨折断端不处在原有咬合位置

图 5-9　移位和无移位骨折

脱位是对关节周围的韧带的一种损伤，这种损伤非常严重，以至于骨骼能从它在关节的正常位置中脱离出来。

脱位的体征与骨折相似，疑似的脱位应该按照骨折进行治疗。

如果怀疑有脱位，在进行夹板固定/固定前后一定要对受伤肢体的 PMS（脉搏、活动度、感觉）进行评估。如果 PMS 受到影响，患者的治疗优先级应当被升至"I"。

社区应急响应队成员不应该尝试对可疑的脱位进行复位，而应该将关节固定，直到专业的医疗帮助出现。

3. 扭伤和拉伤

扭伤包括关节处韧带的拉伸和撕裂，这通常是由超出关节正常活动范围的拉伸或伸展运动造成的。

虽然受伤后，其骨骼或是仍然在生理位置，或是能够退回生理位置，但扭伤仍被认为是部分脱位。

扭伤最常见的体征有：

● 受伤部位敏感；

● 肿胀和/或瘀青；

● 功能受限或丧失功能。

扭伤的体征与无移位骨折相似。因此，除了固定和抬高患肢，社区应急响应队成员不应该尝试对损伤进行治疗。

拉伤包括肌肉或肌腱的拉伸和/或撕裂。拉伤最常出现在颈部、背部、大腿及小腿的肌肉处。

扭伤有时可能很难与拉伤或骨折区分。无论损伤是扭伤、拉伤还是骨折，都按照骨折进行治疗。

4. 夹板固定

夹板固定是外伤固定中最常见的方法。

硬纸板是用来作为临时夹板的典型材料，但是很多材料也都可以使用，包括：

- 软性材料：毛巾、毯子或枕头、与绷带相似的材料或软布。
- 刚性材料：木板、金属条、折叠的杂志、报纸或其他坚硬的东西。

另外，解剖位固定是指将骨折的骨骼固定到邻近的未骨折的骨骼上。解剖位固定经常用于手指和脚趾，但在紧急情况下，双腿也可以固定在一起。

软性材料应当被放在固定材料和身体部位之间的空隙中。

提醒：在寻找固定材料时要敢于创新。例如，可以考虑使用伤者的 T 恤作为临时的吊带。脱掉 T 恤，从两个腋窝处剪下 T 恤的下半部分，使用剩余部分作为吊带，使用时一端放在受伤肢体下面，另一端绕过伤者的头。

5. 夹板固定的指导原则

- 支撑住损伤部位上下的受伤区域，包括关节。
- 进行夹板固定前对肢体的 PMS 进行评估。
- 如果可能，将受伤处固定在被发现时的位置。
- 不要尝试复位骨骼或关节。
- 填充空隙以进一步稳定和固定伤处。
- 在伤处的上下部进行固定。
- 固定后，重新评估 PMS，且以不同于初次评估的角度进行这次评估。

这种类型的外伤通常会有肿胀。必要时，社区应急响应队成员应该脱掉伤者束缚性的衣物、鞋子或首饰，以防这些物品无意间对其身体造成压迫。

硬纸板做的夹板固定示意图见图 5 - 10。

硬纸板做的夹板的边缘被折起来形成一个"模具"，伤肢可以放在这个"模具"里休息。

在使用毛巾进行夹板固定时，将毛巾卷起并裹在肢体周围，然后绑在一定位置上，见图 5 - 11。

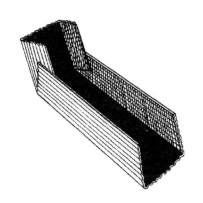 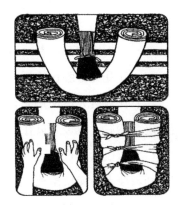

图 5 - 10　硬纸板做的夹板固定示意图　　　图 5 - 11　使用毛巾的夹板固定

在使用枕头进行夹板固定时，将枕头裹在肢体周围然后系住，见图 5 - 12。

在解剖位固定中，受伤的腿每隔一段距离被系在未受伤的腿上，在两腿之间放上毯子作为垫料，见图 5 - 13。

6. 练习：夹板固定

目的：互相练习夹板固定的流程，使用硬纸板、布基胶带、纱布及其他固定材料。

根据下列步骤进行练习：

（1）将团队分作两人一组。更换搭档，使搭档不同于之前的练习。

图 5 - 12　使用枕头的夹板固定

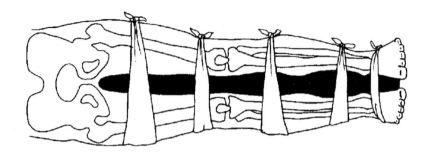

图 5-13 解剖位固定

（2）一人扮演受灾者，另一人扮演救援人员。

（3）让受灾者躺在地板上或坐在椅子上。

（4）让救援人员使用之前演示过的流程在受灾者的上臂进行夹板固定。然后让救援人员在受灾者的小腿进行夹板固定。

（5）救援人员进行过几次夹板固定的练习且通过检查后，让受灾者和救援人员交换角色。

（6）让每个救援人员至少进行一次夹板固定的练习且通过检查。

（7）每名学员都扮演过救援人员后，讨论发现的问题或不恰当操作。教官解释如何在紧急情况下避免这些问题。

5.9 治疗鼻部损伤

鼻部出血的原因很多，主要有：

● 鼻部遭受钝力；

● 颅骨骨折；

● 非外伤的相关情况，例如鼻窦感染、高血压及出血性疾病。

提醒：

● 鼻部出血量过大会引起休克；

● 实际出血量有时并不明显，因为一些血会被伤者咽下。

需要指出，咽下大量血液的伤者可能会出现恶心和呕吐。

鼻部出血的止血方法（见图5-14）：

坐位微微前倾

用嘴呼吸　　　　　捏住鼻孔

图5-14　鼻部出血的止血方法

- 将鼻孔捏在一起；
- 在鼻下和上唇之间施加压力。

治疗鼻部出血时应该：

- 让伤者坐下，头微微前倾。这样，滴进咽喉的血液就不会被吸进肺里。不要向后仰头。
- 保证伤者的气道是开放的。
- 使伤者保持镇定，情绪激动会加快血流。

5.10　治疗与冷相关的损伤

与冷相关的损伤包括：

- 低体温症，是一种人体体温降低到正常水平之下时发生的状况；
- 冻伤，极度寒冷使末梢缺乏供血时发生，会引起组织坏死。

1. 低体温症

人体暴露在冷空气或冷水中，或食物及衣物和/或热量不足（尤其是老年人）都可能引起低体温症。

低体温症主要的症状和体征是：

- 体温为 35℃（95 ℉）或更低；

- 皮肤发红或青紫；

- 麻木伴有颤抖。

另外，到了后期，低体温症会伴有：

- 口齿不清；

- 行为异常；

- 精神萎靡。

因为低体温症可能在数分钟内迅速发展，因此，社区应急响应队成员应该对已经从冷空气或冷水中救出的受灾者进行治疗。治疗要点主要如下：

- 脱掉受灾者的湿衣服。

- 将受灾者裹进毯子或睡袋并且盖住头颈。

- 保证受灾者免受天气影响。

- 为意识清醒的受灾者提供温热的、甜的饮料及食物。不要给予酒。

- 不要试图用按摩的方法使受伤的身体部位回暖。

- 让意识不清的受灾者保持复苏体位：

  - 让受灾者靠近救援人员的一侧上肢，与地面成直角，掌心朝上。

  - 将受灾者另一侧上肢从胸、颈部交叉，手背放在面颊上。

  - 抓住离救援人员较远的受灾者的膝盖，将它拉起到膝盖弯曲且脚掌平放在地面的姿势。

  - 将膝盖拉向救援人员且拉过受灾者身体上方，同时保持受灾者的手仍然放在面颊上。

  - 使受灾者的腿与地面成直角，这样受灾者就可以躺在自己一侧的肢体上。

- 如果受灾者意识清醒，让他/她洗个热水澡。

即使受灾者看起来已经完全康复，也不要让他/她到处走。如果必须将受灾者移到户外，应该盖住受灾者的头颈。

2. 冻伤

人体血管在寒冷天气下会收缩，这样可以保持人体的热量。在极寒中，身体会进一步收缩末梢血管，这样可以使血液流向核心器官（心脏、肺、肠，等等）。不充分的循环和极端温度的综合作用会使末梢组织冻僵，有时还会引起组织坏死。冻伤最常出现在手、鼻子、耳朵和脚。

冻伤有一些主要的症状和体征：

- 皮肤色素减退（红、白、紫、黑）；
- 灼热或刺痛感，有时不局限在受伤部位；
- 局部或整体的麻木。

对冻伤患者回温一定要缓慢。过快地温暖冻伤的末梢会使冰冷的血液流回心脏，从而刺激心脏甚至有可能使心脏停搏。因此，应注意以下几点：

- 将受伤部位浸入约为 42℃ 的温水中（而不是热水）。
- 不要让身体部位再次冻伤，因为这样会使伤情恶化。
- 不要试图用按摩的方法使受伤的身体部位回暖。

要用干燥无菌的敷料对受伤部位进行包裹。重申，仔细进行此操作至关重要。冻伤会导致组织中含有冰碴，按摩可能造成大面积的损害。

5.11　治疗与热相关的损伤

在灾难情况下，社区应急响应队成员会遇到很多类型的与热相关的损伤：

- 中暑性痉挛是在极热环境中过度劳累引起的肌肉痉挛。
- 热衰竭是个人在极热环境中运动或工作时发生的，造成大量出汗，体液大量流失。流向皮肤的血液增加，造成流向重要器官的血液减少，从而导致轻微的休克。

● 热中暑是会威胁生命的。受灾者的体温控制系统停止工作，体温会升高到对脑产生损伤的程度，然后就会导致死亡。

1. 热衰竭

热衰竭的症状包括：

● 皮肤变凉、潮湿、苍白或潮红；

● 大量出汗；

● 头痛；

● 恶心或呕吐；

● 眩晕；

● 精神萎靡。

热衰竭患者的体温可能接近正常体温。如果这时不予治疗，热衰竭会发展为热中暑。

2. 热中暑

热中暑以下列的一些或所有症状为特征：

● 皮肤热、红；

● 没有出汗；

● 意识的改变；

● 脉搏快、弱；呼吸快、表浅。

热中暑的患者体温会非常高（可高达 40℃）。如果热中暑患者不及时治疗就可能导致死亡。

3. 治疗

热衰竭和热中暑的治疗非常相似。

● 将受灾者移离热源，放在凉爽的环境中。

● 用凉的湿毛巾或床单慢慢地给受灾者身体降温。如果可能，将受灾者放在凉浴盆中。

● 让受灾者缓慢饮水，饮水速度为大约每 15 分钟半杯。热性疾病的患者饮水太多太快会引起恶心和呕吐。

● 如果受灾者有恶心、呕吐、绞痛或意识丧失，不要给予任何饮食。尽快通知医学专业人员，在专业人员赶到前密切关注患者情况。

5.12　治疗叮咬伤

在灾难环境中，任何事物都可能出现不正常反应，包括昆虫和动物。混乱时，昆虫像人一样，同处于额外的压力下。这时，它们会比平时在正常情况下更容易叮咬伤人。

进行从头到脚的评估时，应该要寻找昆虫叮咬伤的迹象。叮咬昆虫的不同会引起不同的特定表现，但通常叮咬伤在受伤处会伴有红痒、刺痛或灼热感，并且在受伤处会有咬伤的痕迹。

治疗昆虫叮咬伤通常要按照以下几步：

● 如果叮咬的昆虫还在伤口上，要将它弄掉，可以用信用卡或其他硬的、直边东西的边缘隔着它，将其刮掉。不要用镊子，因为镊子可能会挤到毒腺，增加毒液释放的量。

● 用肥皂和水彻底清洗叮咬局部。

● 将冰块（包在毛巾里）放在叮咬处 10 分钟，然后拿下 10 分钟。重复这一过程。

社区应急响应队成员在伤者服用自己的过敏药（苯海拉明等）时可以给予帮助，但不能给伤者分发药物。

人们对于昆虫叮咬伤最大的担心就是严重的过敏反应或过敏症。当过敏反应严重到累及气道时，就会发生过敏症。如果怀疑有过敏症：

● 检查气道和呼吸。

● 使伤者镇定。

● 移除紧缠的衣物或首饰，因为过敏反应时身体常会肿胀。

● 如果可能，找到伤身上的肾上腺素笔并帮忙注射。很多有严重过敏症的患者都会随身带着。

除了肾上腺素笔之外，不要给予药物，包括止痛药、过敏药物等。

● 注意休克体征并做相应治疗。

提醒：社区应急响应队成员要密切注意每名伤者的气道和呼吸，以便尽快寻求专业的医疗帮助。

5.13　单元小结

本单元要点：

● 要保证公共卫生，必要时要采取措施维持卫生防护、环境卫生和干净的水源。所有的公共卫生措施都应该事先规划并且经过练习和演练。

● 灾害医疗行动包括五个主要构成：

■ 检伤分类；

■ 转运；

■ 治疗；

■ 殓房；

■ 补给。

● 一旦确定有伤亡人员，就要马上建立医疗区。医疗区应当：

■ 靠近受灾区域，同时在受灾区域的上坡、上风向，如有可能，可设在上游处的安全区域；

■ 运输工具容易接近；

■ 可扩展。

● 根据环境，社区应急响应队可以建立中心医疗点和/或在受灾者受伤的地点建立医疗点。

● 从头到脚的评估应当包括口头的和实际操作的评估。要一直按照同样的方法进行从头到脚的评估——从头开始，向脚推进。如果头、颈或脊柱疑似受伤，主要的目标应为不引起进一步损伤。如果必须移动伤者，应将其固定在一条线上，且要使用背板。

● 根据严重程度和伤及的皮肤层，烧伤可以分成浅层烧伤、局部皮层烧伤和全皮层烧伤。烧伤治疗包括移除热源、给烧伤部位降温和覆盖。对全皮层烧伤要进行抗休克治疗。

- 伤口急救主要包括：
  - 止血；
  - 清创；
  - 敷料外敷和包扎。

- 出血停止后，要移除敷料，至少每 4～6 小时检查一次伤口，防止感染。如果有活动性出血，要在原有敷料上面放一块新的敷料。

- 骨折、脱位、扭伤和拉伤体征相似。治疗所有疑似的骨折、脱位、扭伤和拉伤时，都要在受伤部位使用夹板固定。

- 治疗与冷相关的损伤（例如低体温症和冻伤）的关键是使受灾者缓慢回温。

- 怀疑有昆虫叮咬伤时，过敏症是最危险的情况。社区应急响应队成员可以帮助伤者使用肾上腺素笔，同时在专业救援到来之前一定要监测伤者的气道情况。

除了在这 2～3 小时的课程内学习的内容外，要学习的医疗操作的内容还有很多。建议社区应急响应队成员参加红十字会、政府应急管理办公室或民政部门组织的社区的其他训练。

灾害医疗行动是团队合作项目，像所有团队一样，社区应急响应队成员必须同时练习。这样，在压力情况下，社区应急响应队成员才可以发挥团队作用。鼓励社区应急响应队成员无论何时都要参加当地组织的模拟练习。

5.14 作 业

（1）阅读和熟悉下个课程要涉及的单元内容。

（2）试着在朋友或家人身上练习进行快速的从头到脚的评估，不要忘记做记录。

第6单元

简单搜索和营救

本单元将学习以下内容：

● **搜索和营救评估方法**：救援队行动前如何开展形势的评估。

● **开展内部和外部搜索行动的方法**：如何系统地搜索受困者。

● **开展营救行动的方法**：顶撑、杠杆原理、支架原理和运送受困者的安全技能。

6.1 简介和单元概述

1. 单元概述

搜索和营救由三个独立的行动组成：

● 评估，对形势进行评估并制订一个安全的行动方案（利用评估九步法）；

● 搜索，包括找到受困者和记录受困者位置；

● 营救，包括营救出受困者的行动程序和方法。

根据以往的灾害显示，灾后最先响应、营救受困者的人都是那些自发的、未接受过专业培训的和出于善意的人们。他们会冲入废墟试图解救受困者。

往往这些自发的救援人员导致了更多的人员受伤，或导致了更复杂的问题出现。

这些自发的救援人员应该在开展救援行动前做好计划并练习过相关技能。在各类灾害事故中，没有准备或没有经过训练的救援人员都有死亡的先例。

（1）决定尝试营救。

决定尝试营救要取决于以下三个因素：

● 充分考虑营救人员可能涉及的危险；

● 最终目标是要对更多的人采取有利的和最好的方法；

● 评估可用的救援和人力资源。

（2）搜索和营救的目的。

● 最短的时间内营救更多的人；

- 首先，营救受伤但还能够自己走动的伤者；

- 其次，小心地营救被困的幸存者；

- 整个过程一直要确保救援人员的安全。

（3）搜索和营救的效率。

有效地进行搜索和营救行动的关键取决于：

- 有效的评估；

- 营救人员的安全；

- 受困者的安全。

本单元将关注自救及互救人员有效地进行搜索和营救行动——评估、搜索和营救，以及救援人员定位受困者和安全运送受困者的方法和技能。

2. 教学目标

完成本单元学习后，学员要能够学到以下内容：

- 确定评估需求；

- 最常见的搜索技能；

- 安全移除建筑杂物和瓦砾的技能；

- 安全营救幸存者的技能；

- 保护营救人员的方法。

3. 教学内容

通过单元主题的预览，本单元所提供的知识和技能是：

- 搜索和营救中的安全问题；

- 内部和外部搜索行动；

- 营救行动。

6.2　搜索和营救中的安全问题

1. 社区应急响应队搜索和营救评估

与社区应急响应队的其他行动相类似，搜索和营救要求从行动开始一直就持续评估，救援行动未停止，评估就不能停止。

回顾第 3 单元中的持续评估 9 步法：

- 收集信息；
- 评估损失；
- 预判可能性；
- 评估自身处境；
- 确定优先顺序；
- 做出决策；
- 制订行动方案；
- 展开行动；
- 评估进展。

如果决定开展营救行动，安全官是十分必要的。

2. 社区应急响应队搜索和营救现场评估表

具体内容见表 6-1。

表 6-1　社区应急响应队搜索和营救现场评估表

第 1 步：收集信息

时间

日期和时间是否影响救援？如何影响？　　　　　　　　　　　　　　　　是□　否□

建筑结构和地形

建筑都是什么结构？ ＿＿＿＿＿＿＿＿＿

都是什么类型的建筑？ ＿＿＿＿＿＿＿＿

位于什么地形？ ＿＿＿＿＿＿＿＿＿

居住情况

建筑是否有人居住？　　　　　　　　　　　　　　　　　　　　　　　　是□　否□

如果有，有多少人受到了影响？ ＿＿＿＿＿＿＿＿＿＿

是否有需要特殊考虑的（如儿童、老人）其他因素？　　　　　　　　　　是□　否□

如果有，应该特殊考虑哪些问题？ ＿＿＿＿＿＿＿＿＿

天气

天气情况会影响救援人员的安全吗？　　　　　　　　　　　　　　　　　是□　否□

如果会，救援人员的安全将会受到什么影响？ ＿＿＿＿＿＿

天气是否会影响搜索和营救行动？　　　　　　　　　　　　　　　　　　是□　否□

如果是，天气对搜索和营救行动会造成什么影响？

＿＿＿＿＿＿＿＿＿＿＿＿＿

危险源

现场是否有危险化学品？　　　　　　　　　　　　　　　　　　　　　　是□　否□

如果有，位于哪里？ ＿＿＿＿＿＿＿＿＿＿

是否存在其他类型的危险源？　　　　　　　　　　　　　　　　　　　　是□　否□

如果是，是什么类型的？ ＿＿＿＿＿＿＿＿＿＿

续表

第 2 步：评估损失

要对建筑四周都进行搜索。判断是否破坏情况超出了社区应急响应队成员处置能力。

　　　　　　　　　　　　　　　　　　　　　　　是□　否□

如果是，需要哪些特殊要求或资质？＿＿＿＿＿＿＿＿

是否将灾情信息和初始灾评结果通报给了相关人员？　　是□　否□

第 3 步：预判可能性

现场情况是否稳定？　　　　　　　　　　　　　　　是□　否□

是否有大的危险或潜在的可能发生的灾害会影响人身安全？　是□　否□

如果有，这些危险都是什么？＿＿＿＿＿＿＿＿＿＿＿

其他不利情况有哪些？＿＿＿＿＿＿＿＿＿＿＿

第 4 步：评估自身处境

当决定尝试救援的时候，哪些资源是可以利用的？

＿＿＿＿＿＿＿＿＿＿＿＿＿＿＿＿＿＿＿＿

可以利用哪些工具？

＿＿＿＿＿＿＿＿＿＿＿＿＿＿＿＿＿＿＿＿

第 5 步：确定优先顺序

社区应急响应队成员试图进行的搜索和营救行动是否是安全的？　是□　否□

如果不是，不要试图开展搜救行动。

还有哪些是迫切需要的？如果有，请列出来。

＿＿＿＿＿＿＿＿＿＿＿＿＿＿＿＿＿＿＿＿

第 6 步：做出决策

将可用资源的利用做到最好的同时，要时刻保持对安全的警惕性。

第 7 步：制订行动方案

确定如何部署人员和其他资源。

＿＿＿＿＿＿＿＿＿＿＿＿＿＿＿＿＿＿＿＿

第 8 步：展开行动

执行制订的计划。

第 9 步：评估进展

持续评估灾害现场在以下方面的变化：

灾情范围：＿＿＿＿＿＿＿＿＿＿＿＿＿＿＿＿＿＿

安全风险：＿＿＿＿＿＿＿＿＿＿＿＿＿＿＿＿＿＿

可用资源：＿＿＿＿＿＿＿＿＿＿＿＿＿＿＿＿＿＿

视情调整策略：＿＿＿＿＿＿＿＿＿＿＿＿＿＿＿＿

（1）第 1 步：收集信息。

收集到的灾情信息是用来指导搜索和营救行动的。

收集信息时，社区应急响应队成员须要考虑到：

● **灾害发生的时间、日期。**如果灾害发生在晚上，在家的人会更多，因此主要的搜索和营救地点应是住宅区。相反的是，如果灾害发生在白天，人们大多在工作，因此办公区的救援需求会更大。搜索和营救行动也会受到房屋坐落的位置和日照时长的影响。

● **建筑结构和地形。**一些建筑结构相较于其他结构更容易被损毁。建筑所处的地形，也将影响搜索的方式。

● **居住情况。**房屋结构设计可以指示存在的受困者人数和他们的位置。

● **天气。**恶劣的天气会对受困者和营救人员产生影响，肯定会妨碍救援工作的进行。在搜索和营救时，须要考虑恶劣天气的预报情况，恶劣天气是一个影响救援行动的制约因素。

● **危险源。**在开展救援行动时，了解一般情况和紧急情况下潜在的危险源十分重要。例如：如果怀疑煤气泄漏，应迅速找到泄漏的煤气并关闭阀门，这会直接影响是否会有人因为煤气泄漏而失去生命。

练习：收集信息。

目标：本次演练是一个互动练习，让社区应急响应队成员有机会了解更多在搜索和营救评估时需要以哪些灾情信息作为评估的参考。

具体操作：

● 设定情景并分组。

● 让各组针对下列问题开展头脑风暴：

■ 如何在这个场景中了解受灾地区的人口密度？

■ 如何在这个场景中收集灾情信息？

■ 这些灾情信息将对搜索和营救行动有哪些影响？

■ 哪种救援方式是可行的？

■ 如果有的话，在这种情况下，搜索和营救人员将受到哪些制约？

■ 这些制约是否在确定社区应急响应队任务时能够被克服？如果可以，怎样克服？

场　景

8月9日，星期二，下午2：30，飑线经过了你所在的城市。由于前面两侧的气压差，飑线在一个阵风前锋之前，以直线风速每小时 112 公里过境。阵风前锋随后而至，伴随着持续的强风和暴雨，整个城市电力系统瘫痪了。

你需要按照社区应急响应队标准行动程序（SOP）启动应急响应。在前往应急响应地点——当地高中的沿途，你要观察破坏情况，包括刮倒的树木和电线杆。许多道路不通，你只能绕路前往高中。在你前往应急响应地点的途中，看到当地一个购物中心的屋顶被吹走了一大部分，它西侧的外墙已经倒塌。

抵达应急响应地点后，你向后勤保障组组长报到，他将你分配到搜救 2 组。虽然社区应急响应队第 2 小组队员不能进入购物中心坍塌的区域，但搜救 2 组将在废墟附近进行搜索，查看是否有受困者。

（2）第 2 步：评估损失。

在进行内外部搜索时，按照总指南进行评估。当对建筑的安全性有怀疑时，社区应急响应队成员须要更谨慎地进行评估。如不能确定建筑是中度破坏还是重度破坏，社区应急响应队成员应该将它视为重度破坏。

要强调的是，社区应急响应队的任务是由建筑结构破坏程度来决定的。

① 社区应急响应队任务与建筑破坏程度的关系。

社区应急响应队任务将随着以下建筑破坏程度而改变：

● 轻度破坏（表面或装饰遭到破坏，墙体表面有裂纹或破裂，屋内物品有轻微损坏）。

社区应急响应队任务：定位；检伤分类；打通受困人员呼吸气道，阻止大出血，治疗休克；持续评估并记录。

● 中度破坏（可见的损坏、装饰性的物品遭到破坏或掉落；墙体裂缝或破裂较明显；内部物品损毁严重；房基未损）。社区应急响应队任务：定位；检伤分类；打通受困者呼吸气道，阻止大出血，治疗休克；进行疏散；警示他人；持续评估，尽量缩短救援人员滞留在建筑物内的时间和人员数量。

● 重度破坏（建筑部分或全部倒塌；建筑倾斜；建筑结构不稳定；房基遭到破坏；室内有重度的烟雾或火情；室内有有害物质；气体泄漏；有水上升或流动）。

社区应急响应队的任务：确保建筑周边安全，并警告其他试图进入建筑的人员此处危险。

社区应急响应队成员在任何情况下都不要进入重度破坏的建筑内。

（a）轻度破坏。

● 建筑表面破坏；

● 窗户受到破坏；

● 建筑表面裂缝或墙面破裂，例如石膏掉落或破裂；

● 内部轻微损坏。

（b）中度破坏。

● 破坏较明显；

● 装饰物损坏或掉落；

● 墙体裂缝或破裂较明显；

● 内部物品损毁严重；

● 房基未损，仅允许营救人员进入。

（c）重度破坏。

● 建筑部分或全部倒塌；

● 建筑倾斜；

● 建筑结构不稳定；

● 房基遭到破坏。

再次强调，社区应急响应队成员在任何情况下都不要进入重度破坏的建筑内。

② 损失评估。

对房屋或建筑进行评估须要对其进行各个角度的排查，要对建筑进行"绕圈式"排查。

进行损失评估时，社区应急响应队成员必须根据建筑的类型和建造时间考虑其破坏的等级。除了视觉评估，救援人员还应该"听"损坏的结构，如果一个建筑有"吱吱"的响声，这个建筑就不稳定，不应该进入。

在某些情况下，应采用外部搜索和网格搜索。

③ 灾情共享。

信息利用 ABCD 的标准描述不同地点内部和周围的结构，前面的建筑是 A，A 建筑周围顺时针起，分别是 B、C 和 D。

使用这个系统标准，建筑内部可以进一步以象限的方式来划分。例如，一个受困者位置接近建筑的 A 和 B，就可以说受困者在 A/B 象限。

社区应急响应队成员必须向社区应急响应队指挥所或响应机构报告他们的发现。地震对不同建筑类型引发的不同破坏程度及区域见表 6-2。

表 6-2　地震对不同建筑类型引发的不同破坏程度及区域

建筑类型	描述	可能损坏的区域	破坏程度
单户住宅	木质框架结构	砌体烟囱	轻度
		公用设施	
	1933 年前建造	地基松动	中度
		公用设施	
		门廊	
	建在山坡上	特殊危险	重度
		地面破坏	
多户住宅	上下和/或并排居住单元	一层沉降	中度
		公用设施	
无钢筋砖房	1933 年前建造 石灰或砂浆 "王行"或"兵行" （打开 5~7 排砖） 加固板窗户和门弯曲 门和窗凹陷	墙体和屋顶遭到破坏	重度
立墙平浇建筑	大型仓库和工厂 混凝土板吊装到位 墙壁镶嵌 6~8 英寸 屋面施工的轻材质	屋顶和墙体遭到破坏	重度
高层建筑	钢筋	玻璃碎裂 室内物品移动 外饰和筋膜	轻度

（3）第 3 步：预判可能性。

由于社区应急响应队成员将在距离危险较近的环境下开展工作，考虑到可能发生的和应该发生的危险和变化十分重要。要求社区应急响应队成员能够识别潜在的、威胁生命的危险，然后提问：

● **现在的情况有多稳定？** 一个建筑即使从外面看起来只有轻度或中度破坏，非结构性破坏和内部不稳定的结构都可能给救援人员带来危险。社区应急响应队成员应该多想想他们已知的关于结构损坏的知识，进行分析。屋内是否储存了化学品、油漆或其他潜在的危险物质？它们是如何储存的？放置在哪里？社区应急响应队成员询问这些问题不会花费太多时间，但对于最终决定如何开展搜索行动，询问与不询问可能产生巨大的差异。

● **哪些不利的情况会发生？** 根据评估中搜集到的信息，社区应急响应队成员应该花一些时间去玩"如果这样"的问题游戏。尝试找出他们可能面临的其他风险。如果在搜索过程中电力被切断了怎么办？如果一堵墙出现稳定位移和坍塌如何应对？运用"墨菲定律"就可以挽救社区应急响应队成员的生命。

● **搜索和营救意味着什么？** 根据确定的优先级，社区应急响应队成员应该考虑他们能做什么来减少已经明确知道的风险。观察员必须观察任何可能造成坍塌的变化，并警示救援人员。在搜索行动开展前，开展一些加固不稳定结构的措施很有必要。社区应急响应队成员必须记住他们自身的安全是排在第一位的。

（4）第 4 步：评估自身处境。

评估是一个循序渐进的过程，每一步都建立在前一步的基础上，直到决定开始搜救行动（或情况不安全）。然后，告诉各小组从以下步骤 1~3 中寻找答案，以评估他们的处境：

● 现在的形势是否能够继续安全地开展救援？

● 救援人员将要面临哪些危险？

● 开展安全的行动需要哪些资源？哪些资源可用？

评估资源对搜索和营救行动来说非常重要。

搜索和营救资源规划问题见表6-3。

表6-3　搜索和营救资源规划的问题

资源	规划的问题
人员	这次行动有多少受训过的社区应急响应队成员能够参加？
	有谁在这个区域居住或工作？
	这些人什么时间可以参与行动？
	他们有什么样的技能和爱好，在搜索和营救时是否能够用到？
	可以动员他们努力工作的最有效的方法是什么？
装备	哪些当地适合的装备对搜索和营救行动有帮助？
	这些装备放在哪里？
	如何分配这些装备？
	哪些装备对哪种建筑（或结构类型）是最有效的？
工具	什么样的工具对顶撑、移动或切割建筑杂物和瓦砾有帮助？

（5）第5步：确定优先顺序。

对形势进行评估后，记住社区应急响应队成员的安全永远是最先考虑的事情，接下来要决定：

● 哪些应该完成？

● 顺序如何？

记住目标是：在最短的时间内尽量营救更多的幸存者！

社区应急响应队成员的安全永远是最先要考虑的事，这还将决定其他事件优先级的顺序。例如：消除或减轻已知的危险，必须在小组开始搜索前完成，要求学员通过逻辑思维来决定他们应该如何开展行动。

（6）第6步：做出决策。

在评估总结的时候，社区应急响应队成员将决定在哪里部署力量是最佳的选择；与此同时，能够保持足够的安全。许多决策都是根据第5步中确定的优先顺序做出的，并应时刻牢记这些优先顺序是根据以下几点确定的：

● 人员的安全；

● 幸存者和其他人员的生命安全；

● 保护环境；

● 保护财产。

社区应急响应队成员的任务取决于建筑结构破坏的程度。

（7）第7步：制订行动方案。

第7步要汇总社区应急响应队成员搜集到的所有信息。在第7步中，社区应急响应队队长（TL）将明确决定本组如何开展行动，从优先级最高的任务先开始。

应该知道，当开展搜索和营救行动时，情况往往是很复杂的，因此将行动方案写出来这种方式是很重要的。

● 行动方案应包括开展行动要参照确立的优先顺序和决策。

● 当应急响应部门抵达现场后，为他们提供行动方案文档。

● 提供的文档将成为社区应急响应队整个行动记录的一部分。

社区应急响应队成员在开展救援行动时要保持记笔记。任何新的信息导致与最初方案不一致的，都应记录在案。

（8）第8步：展开行动。

这一步就是根据第7步的行动方案展开行动。

（9）第9步：评估进展。

评估进展是最关键的一步，这步不仅是评估行动方案是否可行，还须要站在安全的角度来评估事态整体。评估一直都在继续，从第9步获得的评估信息要反馈到决策中，重新确定行动优先级，更新行动方案。

3. 具体的安全考虑因素

无论建筑受损的程度如何，救援人员的安全都是首要关注的问题。

注意：下列两种情况经常导致救援人员死亡：

● 迷失方向；

● 二次坍塌。

在所有的搜索和营救行动中，救援人员必须遵循以下准则：

● **与他人结伴一起完成行动。**成功的搜救行动依靠的是团队合作。

● **警惕危险**（例如电线、天然气泄漏、危险化学物品、尖锐的物品、头上方可能掉落的物品等）。不要试图搜索水位在上升的区域。

● **使用安全装备。** 戴上手套和头盔会保护救援人员的手和头部。救援人员在倒塌的建筑中开展工作，最容易引发的问题就是吸入粉尘，因此防尘口罩是十分必要的。防尘口罩不能过滤化学品或生物制剂。强调：如果怀疑有化学品或生物制剂，社区应急响应队成员必须撤离到上风口，并通知专业人员前来救援。

● **轮换制。** 救援队伍是需要轮换的。这样可以防止队员疲劳，并确保及时得知工作中的队员是否陷入困境。同时应为队员提供必需的水和食物，确保队员的体能支撑。

4. 演练：搜索和营救评估

目的： 这个演练是互动式的，让社区应急响应队成员有机会练习如何制订计划、如何开展搜索和营救行动评估。

进行头脑风暴，这会帮助社区应急响应队成员开始评估其社区或工作地点的建筑结构类型、危险品物质、安全防范措施等。

操作方法：

（1）每个小组 4～5 名学员。

（2）给每个小组准备一个本地的场景（如果可能的话用幻灯片放出来），说明这是社区的一个真实的建筑，在灾难事件中遭到了破坏。

（3）指定小组一个学员作为记录人，并给出具体的灾情和建筑，回答以下问题：

● 须要收集哪些有关的灾情信息？

● 根据灾情和建筑物结构，对灾情有什么样的预测？

● 能够确定在搜索和救援中会遇到哪些问题？

● 有哪些具体的安全问题须要考虑？

（4）每组选择一位发言人发言。

（5）讨论每组的发言内容，并对每组搜索和营救行动评估提出改进建议。

6.3　内部和外部搜索行动

当决定开始进行搜索工作时，社区应急响应队成员将搜索由社区应急响应队队长（TL）指定的区域。

搜索工作包括以下两个步骤：

- 在评估的基础上采用搜索技术；

- 对受困者进行定位。

通过以上两个步骤，搜索工作将更加高效、彻底、安全。这也有利于后期救援行动。

这两个过程是相关的，本节将对这两个步骤逐个进行阐述。内部搜索工作是最常见的，因此首先讨论这部分内容；外部搜索工作将在本节的后面讨论。

1. 对建筑中潜在的受困者进行定位

在建筑中对潜在的受困者进行定位的第一步是对建筑物内部进行评估，以便搜集有关建筑物破坏的更精确的信息，并且确定优先顺序及行动方案。

搜集的数据有助于推断出可能存在的结构间的空隙及特殊的空间等更多信息。

（1）结构间的空隙。

空隙分为几种类型（见图6-1）：

- 薄饼型空隙；

- 单坡型空隙；

- V形空隙。

如果社区应急响应队成员看到坍塌的地面或墙体，应当立即撤离。

（2）特殊的空间。

特殊的空间是受困者可以在其中爬行以寻求保护的空间。特殊

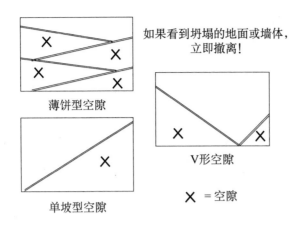

图 6-1　三种类型的空隙

空间的例子包括浴缸及桌子下面的空间。孩子们可以在如厨柜类的小地方避难。

　　在确定特殊空间的可能范围后，社区应急响应队成员必须：

- 确定潜在的受困者数量；
- 确定特殊空间最可能的范围。

　　这其中的一些信息可以通过评估获得，但社区应急响应队成员可能须要与现场群众或者对建筑结构熟悉的人员进行沟通以得到更多信息。

　　社区应急响应队成员在与这些人交谈时，应当询问以下问题，包括：

- 有多少人在这座建筑中居住（或工作)？
- 这个时间，他们一般在什么地方？
- 建筑布局是什么样的？
- 有没有听到或者看到了什么？
- 有人出来吗？
- 建筑正常出入路线是什么？

　　注意那些由于突发事件感到情绪混乱的群众。他们可能会夸大潜在受困者的数目，或者甚至不能准确地回忆发生了什么事情。

尽管如此，社区应急响应队成员也要尽可能多地搜集信息，因为这些信息在制订搜索优先顺序，以及完成搜索任务时是十分有用的。

2. 搜索方法

有效的搜索方法应：

● 指出救援人员的位置；

● 尽可能快速安全地定位受困者；

● 避免重复工作。

3. 搜索标识

有经验的搜索和营救人员会使用以下系统。社区应急响应队成员也使用相同的系统。这将节约其他社区应急响应队成员或其他救援人员对建筑的搜索和进行结构评估的时间。

（1）当进入搜索区域时，首先在门附近做一个标识，表明正在进入。不要在转动的门或墙上进行标记。画一条斜线，并且在"9点钟"的位置写上进入的机构或者组队 ID。然后在"12点钟"的位置写上日期和进入的时间。

（2）当退出搜索区域时，画另一条斜线组成一个"×"（机构或者组队 ID 标注在左侧象限）。在顶部象限写入离开时的时间。

● 右侧象限：写入建筑的搜索区域，以及所有明确了的危险信息。

● 底部象限：写入在搜索区域中发现的受困者的信息。"L"代表有幸存的受困者，"D"代表死亡的受困者。建筑前面的搜索标识应当包含受困者的总人数，而在建筑内部的搜索标识则记录在特定搜索区域内的受困者总数。同时也应注明发现受困者的位置。搜索标识示例见图 6-2。

通过完整的搜索标识示例，逐个象限进行练习。

4. 内部搜索

（1）当进入一个空间或房间时，须要进行喊话。喊话内容"如果有人能听到我说话，请到这里来"。如果有受困者到救援人员身

示例

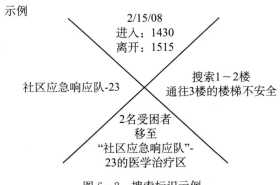

2/15/08
进入：1430
离开：1515

社区应急响应队-23

搜索1~2楼
通往3楼的楼梯不安全

2名受困者
移至
"社区应急响应队"-
23的医学治疗区

图 6-2　搜索标识示例

边，向其询问他们所知道的有关建筑或者其他可能被困人员的所有信息，然后明确给出下一步指示，如"待在这里"或者"到外面等候"（取决于建筑的情况）。

记住，即使那些能够自己走到救援人员身边的受困者，都可能受到惊吓或情绪混乱。当给受困者指示时，社区应急响应队成员应当直视受困者，用简短的句子，保持给受困者的指示尽可能简单。

（2）使用一种系统的搜索模式。确保建筑的所有区域都被覆盖，见图 6-3。可使用的系统搜索模式的例子包括：

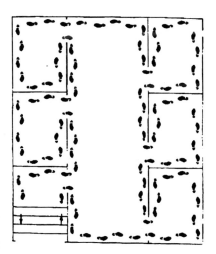

● 底→上/顶→下；

● 右侧墙/左侧墙。

强调：每一个内部空间有六个面——包括地板和天花板。

救援人员必须检查所有六个面，尤其是在定位危险时，例如那些可能悬挂在天花板上的固定装置。

图 6-3　系统的搜索模式

（3）时常停下倾听。倾听敲击、移动或者其他声音。

（4）三角区法。当一个潜在的受困者的位置被遮蔽时，可以使用三角区法。如果条件允许，三名救援人员由受困者的声音引导，围绕区域形成一个三角形，用手电筒直接照射该区域。来自不同方向的光会消除可能遮蔽受困者的阴影，见图6-4。

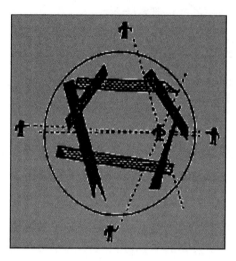

图6-4　三角区法示意

强调：三角区法不能作为初始的搜索方法。

（5）通报结果。保留获救的受困者和仍被困人员或死亡人员的完整信息。当应急响应相关人员到达现场时，向其通报信息。

5. 外部搜索

除了在建筑中进行搜索，社区应急响应队成员还可能须要搜索建筑物外的开放区域。

在开放区域进行有效搜索，需要搜索人员有条不紊的工作，并且遵循那些由搜索工作负责人所制订的标准流程。这种方法适用于所有情况，特别适用于搜索区域是一个犯罪现场，且其中的所有潜在证据都须要被保护的情况。

当须要搜索受困者时，社区应急响应队成员将在一个中央区域集合签到。有关部门将向搜索人员简短介绍他们将要寻找什么，他们负责搜索什么区域，采用的搜索模式，如果发现了失踪的人、证据或者相关信息，搜索人员须要怎么做。

外部搜索模式包括网格、线、象限或区域、螺旋搜索，等等。在开放区域或小范围内，须要采用手膝方法进行搜索时，通常使用网格模式。

在网格搜索中须要遵循以下原则：

● 将搜索区域视为一个网格，搜索人员首先位于网格的一侧。

● 搜索人员之间的距离视能见度和建筑中的杂物和瓦砾情况而定。在任何情况下，搜索人员都必须保持两侧同伴在视线范围内，并且保持言语间交流。

● 同样重要的是，每一个搜索人员的工作区域都应与其两侧同伴的区域相互交叠。

● 搜索人员前进时尽量保持一条穿越整个搜索区域的直线。随着搜索人员在工作区域内移动，他们沿着指定网格线上对受困者进行彻底的搜寻。

● 为了确保完全覆盖，社区应急响应队成员必须记录每个已完成的搜索区域。

网格搜索示例见图 6 - 5。

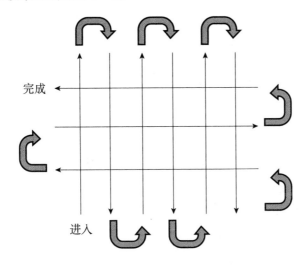

图 6 - 5　网格搜索示例

网格搜索特别适用于飓风及台风等灾害后的搜救行动。

6.4　营救行动

营救行动的三个主要任务：

● 清除障碍物和建筑中的杂物和瓦砾，使受困者脱困，创造一个安全的救援环境。

● 通过检查"三大杀手"——气道阻塞、大出血和休克等，对受困者进行检伤分类。

● 尽可能安全迅速地移送受困者。

强调：救援人员的安全一直是第一位的。

1. 创造安全的救援环境

所有的救援行动都有三个安全考虑要素：

● 保证救援人员的安全；

● 在轻度和中度损毁建筑中进行受困者检伤分类；

● 快速撤离中度损毁建筑中的受困人员，保持最低的额外伤害。

强调：在尝试救援之前如果不能创造一个尽可能安全的救援环境，以上所述的这几点都不能完成。因此，救援人员必须采取一定的预防措施来降低风险。

2. 风险防范措施

救援人员必须采取特定的预防措施以降低风险，增加实现救援目标的机会。

● **知道自己的能力有限。**许多救援人员在救援工作期间受伤或死亡是由于他们不注意自己身体和精神的局限性。社区应急响应队成员应该有足够的时间去吃饭、喝水、休息、放松，这样在工作时，他们才能具有敏锐的头脑和充沛的体力。

● **遵守安全规则。**在以下情况或已建立的程序中，社区应急响应队成员应使用所需的安全装备，以及遵守安全规则，包括：

■ 与他人搭档一起工作。

■ 仅在轻度损毁建筑中进行检伤分类和治疗。

■ 在中度损毁建筑中仅进行检伤分类，并且尽可能迅速地转移受困者。

■ 不要进入不稳定的建筑中。

■ 顶升时膝盖弯曲，保持后背挺直，用腿上推，见图6-6。

■ 移走身体附近的重物。

■ 顶升和移动的重物不要超过能力范围。

■ 移除建筑中的杂物和瓦砾，以减少救援人员的风险，解救受困者。

3. 杠杆和支架

社区应急响应队成员可能遇到须要移动建筑中的杂物和瓦砾来解救受困者的情况。在这样的情况下，社区应急响应队成员须要考虑使用杠杆和支架并加固建筑中的杂物和瓦砾直到救援完成。

● 杠杆原理是通过使用一个静止的物体在下面作为支点，在需要移动的物体下楔入杠杆来实现的。当杠杆的一端下压低于支点时，位于杠杆远端上的物体将会被抬起。

图 6-6　顶升时动作要领

● 支架原理是用一个木制的框架进行支撑和加固。箱式支架是使用成对的木头交叠用来搭建一个稳固的矩形。

杠杆和支架通常交替使用，通过顶升物体并在顶升边缘放置木支架来进行加固。

安全是第一位的：顶升 1 厘米，支架 1 厘米。注意顶升和支架必须逐步完成，这样既安全，也使得工作更为简单。

为了确保稳定，可能须要在多个位置使用杠杆和支架（例如前侧和后侧）。须要强调的是，不能在两端同时使用杠杆和支架，这样做将增加建筑中杂物和瓦砾的不稳定性。建议：如果在两侧都需要杠杆的话，学员须要在一侧采用顶升和支架，并在另一侧重复同样的操作。

将撬杆工具和支点放置在正确的位置上对于安全操作是至关重要的。撬杆工具和支点必须垂直于将要被顶升的物体边缘。同样，当抬升的物体较重时，如果杠杆的角度过小则效率较低而且容易使背部受伤。

注意：箱式支架是稳固的，但它需要相对均匀大小的支架材料。如果没有这样的材料，非箱式支架在支撑和加固重物时也是十分有效的。

在这些流程中可以使用多种支架材料，教官可以社区应急响应队成员提供一些建议（如轮胎、建筑杂物或瓦砾）。

强调临场发挥的重要性，并且鼓励社区应急响应队成员不要将形式看得重于功能。

注意：如果到达足够的抬升高度，社区应急响应队成员应当解救受困者，并反向进行杠杆和支架的操作来降低物体的高度。强调：除非建筑或结构破坏十分严重，否则不要留下任何不稳定的因素。

如果社区应急响应队成员必须移除建筑中的杂物和瓦砾来定位受困者，他们应当组成人链，将建筑杂物和瓦砾由一个人传给下一个人。应当注意，组成的人链不能干扰救援工作。

社区应急响应队成员须要一直穿着个人防护装备来保护自身的安全。注意：除了个人防护装备，在救援过程中护膝是非常重要的。

利用杠杆和支架营救的程序如下：

● 灾情评估：搜集灾情信息、识别灾害并建立优先顺序。

● 选一个负责人制订行动计划，基于搜集到的信息，识别在何处、如何进行顶升和支架，并且如何将受困者从下方建筑杂物和瓦砾中转移出来。

● 收集顶升/支架操作时所需的材料：杠杆、支点、木块、间隔物/楔形物。在实际情况中可能须要创造性地找一些材料作为替代。

● 在顶升物体时，要先使用支架材料对其进行加固。

● 在顶升过程中尽可能按所需分配支架材料。

● 准备顶升物体：在先前确定的位置组装杠杆和支点。

● 选一个人作为安全观察员，并且准备尽快转移受困者。

● 借助杠杆和支点的机械优势，开始顶升。

● 随着物体的顶升，在下方逐渐地添加所需的木架，每次一层。

● 当物体到达足够的高度时，移除杠杆和支点，之后转移受困者。

● 除非建筑有严重损毁并且救援人员须要立即撤离，否则均须要反向顶升、移走下方的支架材料并且将之前搭建的过程反序进行。

● 逐渐降低地面物理高度。除非救援人员须要马上撤离，否则须要将重物移至一个稳定的位置。

● 在救援人员离开前，记得收集顶升/支架的材料，以便之后进行其他操作。

图 6-7 所示是进行杠杆和支架操作的团队组织结构，在倒塌的墙体下有受困者，社区应急响应队成员分别在以下位置：

队长：站在废墟前方，这个位置可以方便他/她观察整个行动，而且不妨碍救援人员。

杠杆支撑人员：位于倒塌墙体边缘前侧，这个位置可以方便他/她在墙下放置杠杆和支点。

安全观察员：位于倒塌墙体的两侧，这个位置可以放置支架使墙体随着杠杆逐渐升高。

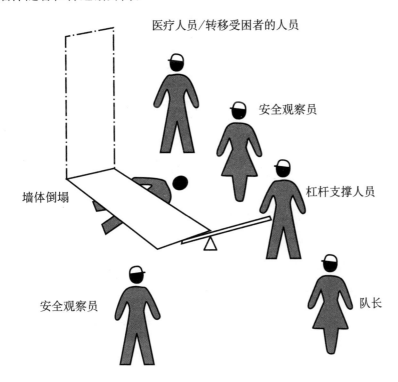

图 6-7　杠杆和支架操作的团队组织结构

医疗人员/转移受困者的人员：在安全观察员旁边，靠近受困者的头部。

四步建立箱式支架法见图 6-8。

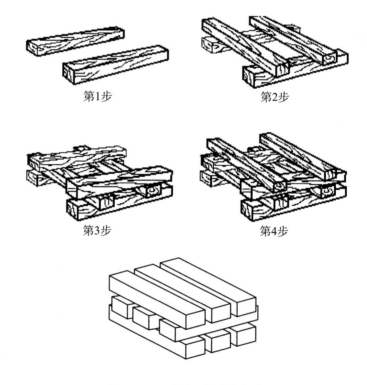

第1步　　　　　　　　　　第2步

第3步　　　　　　　　　　第4步

图 6-8　四步建立箱式支架法

第 1 步：将两根木头平行地放在倒塌建筑的任一侧。

第 2 步：将两根木头垂直放置在前两根木头的上方。

第 3 步和第 4 步：继续添加木头，每层木头与上一层木头垂直叠放。

4. 转移受困者

在这部分内容中介绍两种基本的受困者转移方法：

● 安全移动或协助移动；

● 举起或拖拽。

如果受困者能够走动的话，最好是由他们自行撤离。然而有时有些能走动的受困者不够健壮，或者他们认为自己有伤不敢走动。

当受困者从密闭空间中脱离出来时，他们可能需要协助，救援人员应帮助他们移动到建筑的出口。

（1）营救方法。

选择哪种类型的营救方法需要根据以下几点因素考虑：

- 直接环境的稳定性；
- 救援人员的人数；
- 救援人员的力量和能力；
- 受困者的情况。

如果需要的话，检查受困者头部和脊柱损伤的症状。注意：如果安全条件和时间都允许的话，若受困者疑似伤在靠近头部或者脊柱的位置，则不应该使用举起或拖拽的方法来转移受困者。在这样的情况下，应使用背板来加固颈椎。门板、桌板和其他类似材料可以作为应急的背板。强调：背板必须能支撑身体，并且必须使用合适的举起方法。

在移动受困者时，救援人员必须协同合作和交流，并且保持受困者的脊柱在一条直线上。记住：结合救援人员的安全和建筑的情况来选择救援方法。

（2）转移方法。

① 单人手臂运送。

如果一些社区应急响应队成员体力足够好，并且受困者体型较小时，可以使用单人手臂运送，由救援人员通过以下几步进行运送：

- 将手放于受困者的背部和膝盖下部；
- 保持救援人员的背部挺直，用腿抬起受困者。

在使用这种运送方式前，应考虑受困者体型的大小和他/她需要运送的距离。单人手臂运送示例见图 6-9。

② 单人背带式运送。

一个救援人员安全运送受困者的另一种方法是使用单人背带式运送。使用这种方法时，救援人员须要：

- 背靠受困者站立。

● 将受困者的胳膊放在救援人员的肩上，救援人员将受困者的手抓在胸前。

● 膝盖略微向前弯曲，背起受困者，直到受困者的脚刚好离开地面。

注意：单人背带式运送是最有效的短距离内快速转移受困者的方法。单人背带式运送示例见图6-10。

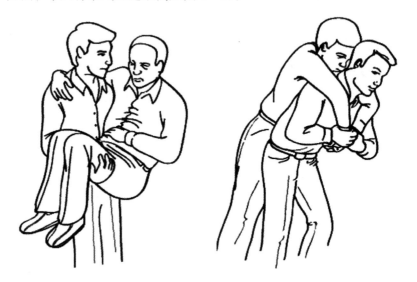

图6-9　单人手臂运送示例　图6-10　单人背带式运送示例

③ 双人运送。

如果受困者上半身的重量超过他/她的下半身重量，那么力气大的救援人员应该负责受困者的上半身。

当有多个救援人员时，移动受困者将更为容易。当有两名救援人员时，可以采用双人运送方式。

● 救援人员1：蹲在受困者的头部附近，从受困者身体中部向后抓住受困者。在受困者手臂下侧，用右手抓住受困者的左手腕，反之亦然。将受困者手腕交叉，便于更稳妥地握住受困者，并拉起受困者的手臂使其肘部更为靠近身体。这有助于将受困者运送通过狭窄的通道。

● 救援人员2：蹲在受困者两膝之间，面向或背对受困者。注意：如果救援人员须要运送受困者通过一段不平坦的区域，如楼梯时，两名救援人员则须要面对面。救援人员 2 在膝盖处向外抓住受困者的腿部。

● 两名救援人员：同时向上站起，保持后背挺直，抬高腿部，将受困者运送至安全的区域。

双人运送示例见图 6-11。

④ 椅式运送。

两名救援人员也可以让受困者坐在椅子上进行运送。

● 救援人员 1：将受困者的手臂交叉，自己面朝椅子的背部，垂直地抓住椅背。

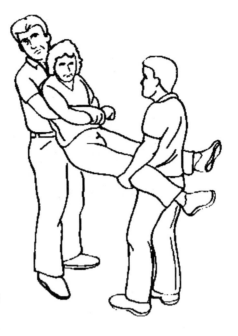

图 6-11　双人运送示例

● 救援人员 2：抓住椅子的两个前腿。

● 两名救援人员：倾斜椅子的背部，同时向上举起，向外运送。

● 在这种运送中最好采用坚固的、非旋转的椅子。

注意：如果救援人员须要运送受困者通过不平坦的区域，如楼梯时，两个救援人员须要面对面。

椅式运送示例见图 6-12。

⑤ 毯式运送。

社区应急响应队成员可以使用毯式运送移动那些不能通过其他运送方式移动的受困者。注意：毯式运送需要四到六个救援人员来确保受困者的稳定性，并将一名救援人员定为口令发布者，具体方法如下：

● 将毯子放在受困者身旁，确保毯子在受困者头部下面展开。

● 从受困者身下将毯子向上裹起，以便受困者位于毯子中部，如果需要的话，使用圆木滚动式运送将受困者移到毯子上。

● 三名救援人员蹲在一边，把毯子的边缘卷起来，做成防护，

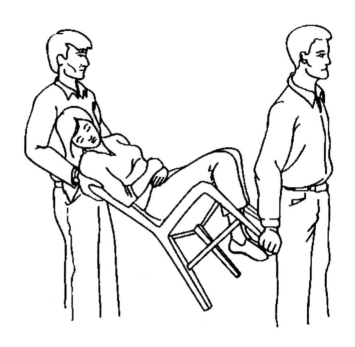

图 6-12　椅式运送示例

防止受困者从上面掉下来。口令发布者检查团队重量的分配和正确抬起的位置。

● 口令发布者喊出："准备抬起，1，2，3。"

● 全队一起抬起受困者并保持受困者水平，抬受困者的脚的救援人员走在前面。

所有的队员要一起将受困者尽量地抬低，步骤如下：

● 带头人喊出："准备抬起，1，2，3，低。"

● 全队一起低抬受困者，小心前进以保持受困者水平。

各种材料如毛毯、地毯和折叠桌都可以作为简易担架。

⑥ 圆木滚动式运送。

圆木滚动式运送可用于被怀疑或证实是颈椎损伤的受困者。如果受困者无意识，可假设他/她有颈椎损伤。距离受困者头部较近的救援人员将成为发布口令者，与其他救援队员一起将受困者卷到毯子、板子或其他可支撑物上。

⑦ 毯式拖拽。

当需要时，一个救援人员应能够利用毯式拖拽的方法移动受困者，步骤如下：

- 用毯子裹住受困者。
- 蹲下来，抓住毯子的一边。
- 拽着受困者前进。

毯式拖拽示例见图 6 - 13。

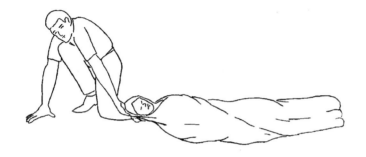

图 6 - 13　毯式拖拽示例

正确的拖拽技巧是救援人员抓住受困者的脚或肩膀，把他/她拖出危险区。如果地面存在杂物和瓦砾，可能会对受困者造成额外的伤害，应注意并加以清理。正确的拖拽技巧见图 6 - 14。

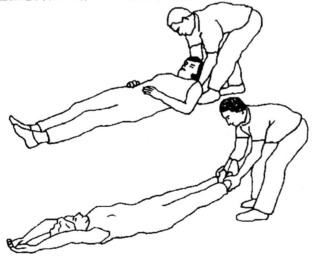

图 6 - 14　正确的拖拽技巧

6.5 演练：受困者运送

目的：这个演练是让学员练习不同的拖拽方法和安全运送受困者的方法。

操作方法：

（1）将全班分为 7 个组。

（2）让每个组都练习运送方法：

● 每个组要有志愿者作为受困者。受困者和救援人员的角色需要交换，以保证每个学员都能够练习救援人员拖拽和运送受困者的方法。

● 每个人都要知道自己能力的局限性。每个人都应该只尝试他们能做到的安全的拖拽或运送方式。

（3）提供毛毯、椅子、板子，如果可能，鼓励学员使用其他的工具练习拖拽和运送。

（4）强调每个学员都要知道自己能力的局限性。不要尝试对受困者和救援人员来说不安全的拖拽或运送方式。

6.6 演练：营救受困者

目的：这个练习是让学员练习从废墟的密闭空间中将受困者移送出来，利用杠杆原理、支架原理，进行拖动和运送。

将学员分为几个小组，让他们在一个房间内进行搜索，找到受困者，并移送受困者。

操作方式：

（1）将学员分成 7 组。

（2）将受困者安置在"废墟"中，用桌子、架子等来代替废墟中的杂物和瓦砾。随意地在受困者的周围放置一些其他物品。确保有可用的物品作为杠杆（例如木头）、支点和架子。

（3）指导每组学员：

● 进入各自的"废墟"房间；

● 在房间中进行搜索；

● 定位受困者的这置，用杠杆原理和支架原理营救受困者；

● 利用适当的举起或拖拽方法将受困者从房间内移出（如果可以，从建筑中移送出来）。

（4）重新安置受困者和"废墟"房间杂物和瓦砾的位置，重复练习直到每个学员都有机会作为救援队员，每队要在两个"废墟"场地进行练习。

（5）讨论整个小组的练习，注意每队的技术和经验方面的差异。

6.7　单元小结

总结本单元的要点：

● 试图开展搜救行动要基于：

　　■ 可能的危险；

　　■ 实现用最好的方式使更多的人受益的总体目标。

● 内部和外部搜索及救援行动的目标：

　　■ 全程保证救援人员的安全；

　　■ 在最短的时间内营救更多的受困者；

　　■ 先营救受伤了但能够自己走路的受困者；

　　■ 接下来营救轻埋的受困者。

社区应急响应队成员只进行简单的搜索和营救。当遇到重度破坏的建筑或接到类似情况的任务时，他们的首要任务就是提醒其他人此处不安全（例如在水位快速上升时）。搜索和营救评估与其他社区应急响应队行动评估相同，在整个行动过程中，评估贯穿始终，为如何开展行动提供信息。评估可以提示是否需要撤离，社区应急响应队的任务是确保人员安全并组织撤离。

● 当搜索和营救行动决策制订后，社区应急响应队搜索人员须要：

- 使用适当的搜索技术；
- 定位受困者位置，检查"三大杀手"。

● 定位受困者是完成对建筑内外的密闭空间的评估，然后部署搜索：

- 须要系统和彻底地进行搜索；
- 避免不必要的重复工作；
- 将结果记录下来。

● 救援的三个主要任务：

- 创造一个安全的环境；
- 对受困者进行检伤分类；
- 根据评估情况安全快速地移动受困者。

切记，确保救援人员的安全要放在第一位！

救援行动取决于如何保证救援人员的安全，这就须要社区应急响应队成员认识到自己能力的局限性。社区应急响应队成员永远都不能在救援过程中开展超出自己能力范围的行动。

移动受困者需用哪种方式，取决于：

● 受困者自身的状态；

● 现场救援人员的数量；

● 救援人员的力量和能力；

● 环境的稳定性。

记住：举起和拖拽很容易完成，当环境允许的情况下，建议利用拖拽和搬运的方式。

如果建筑物处于稳定的情况下，假设受困者头部或颈椎受伤，移动受困者前须要用背板或其他工具固定受伤部位。如果可能，这些受困者的移动应等到受过紧急医疗培训的专业人员来处理。

6.8 作 业

请预习下节课授课内容。

队伍建设和组织架构

本单元将学习以下内容：

● **社区应急响应队的组织管理**：如何根据社区应急响应队管理原则组织调配相关资源。

● **营救人员安全**：在执行救援任务时，如何确保自身安全和同伴安全。

● **记录**：形势和资源情况记录策略。

● **团队组织**：通过桌面推演练习团队组织的相关知识。

7.1 简介和单元概述

1. 单元目标

本单元结束时，学员应能够：

● 介绍社区应急响应队组织架构；

● 解释记录要求。

2. 单元内容

本单元将会深入介绍社区应急响应队组织架构和政策方针，包括：

● 社区应急响应队的组织管理；

● 社区应急响应队的动员；

● 记录。

和各层面的应急响应一样，高效的社区应急响应队行动基于有效的沟通。

7.2 社区应急响应队的组织管理

1. 现场管理原则

灾情发生时，现场管理的三个主要原则如下。

① 保护救灾工作人员的安全。

社区应急响应队队长（TL）要根据队员能力和受训情况，以及营救人员安全第一的原则来调整响应行动的优先顺序。社区应急响应队职能管理层负责工作活动安排并对队员负责。社区应急响应队成员采用伙伴机制，并根据灾情预判结果来开展行动。

② 制订指挥和职责流程图。

这可为社区应急响应队提供一个清晰的管理和组织架构图。每位成员只从一名直线管理人员那里接收或向其汇报信息。

③ 提高救援工作的效率。

灾情信息搜集后，根据营救人员安全第一和尽最大可能帮助最多人的原则，在团队能力和受训情况的基础上，制订响应行动的优先顺序。

社区应急响应队的组织管理基于突发事件指挥系统（ICS），是一套所有应急管理工作者共同遵循的成熟的管理系统。

（1）社区应急响应队现场管理。

社区应急响应队作为一个具体的组织结构，包括以下内容并能实现如下职能：

● 一个设计完善的管理流程图（例如管理层、职能部分、报告流程和团队间的协同工作流程）；

● 根据理想的营救人员和幸存者比例确定队员人数，队员管控范围为 3 至 7 名营救人员对一名幸存者；

● 有助于有效沟通和达成共识的常见术语；

● 在团队成员和专业救援队之间进行有效的沟通，包括使用无线通信设备；

● 综合行动计划，包括协调战略目标、战术目标和后勤保障；

● 综合资源管理，能够在事件发生时，及时提供现有资源；

● 责任制。

（2）社区应急响应队现场管理的目标。

灾难发生时，社区应急响应队应该：

● 确定灾害性质（发生了什么事情）；

● 制订一个整体战略方案（能做些什么，会怎么做）；

- 派遣队伍并配置资源（谁来做）；
- 记录结果。

2. 按需而变的组织架构

灾害会引发一个动态的且不断变化的环境，社区应急响应队的组织架构是灵活的，可以根据社区应急响应队队长（TL）、成员，以及现有资源按照优先顺序进行调整。队伍规模的扩充和缩减有助于确保：

- 营救人员的安全；
- 尽最大可能帮助最多的人；
- 范围可控；
- 社区应急响应队成员的职责。

我国的社区（居委会/村委会/大型企业社区等）是行政管理的最基层单元，是最基层的政府组织，有常态化的组织与管理体系，在日常生活中具有对社区进行管理的职能。因此，所具有的坚实而完整的组织体系，为社区应急响应队在社区中的组织和运行提供了组织保障。

（1）平时的社区应急响应队组织架构。

由社区（居委会/村委会/大型企业社区等）的领导机构根据社区的实际情况招募社区应急响应队成员，或由于灾害事件推动社区志愿者来加入并成为社区应急响应队成员；社区的日常管理机构根据社区的灾害风险类型、灾害程度和频次等，与社区志愿者协商构建社区应急响应队队伍，并共同开展社区应急响应队的能力建设，包括设立社区应急响应队组织架构，确定社区应急响应队队长，以及计划组、行动组和后勤组组长、行动组内部各处置小组的组长，组建和完善社区应急响应队的岗位和组织架构；组织社区应急响应队开展有组织的培训、复训、演练和灾害的处置应对。为有效地开展社区应急响应队能力建设，建议：

- 社区应急响应队队长由社区的日常管理人员、具有较多的应急救援经验和技能，以及勇于献身社区应急响应队事业的社区志愿者担任。

● 计划组、行动组和后勤组组长由具有相关专业知识背景的社区志愿者担任。

● 社区应急响应队行动组各小组长要求有一定的专业知识背景，并经历过多次相关的培训和演练。

● 社区应急响应队成员由社区的志愿者构成。

一个社区的社区应急响应队队伍的人员数量视社区的大小而定，一般情况，社区应急响应队队伍的人数应在 30～50 人，这样易于队伍的管理、培训、演练，以及事件发生后的快速组织与行动响应等。社区应急响应队行动组各小组的设定和人员构成应视社区的灾害风险类型及其程度而定，一般应设立消防灭火小组、搜索与营救小组、医疗救助小组等。若遇到洪水、台风或泥石流等灾害，可根据情况实时改编为抗洪抢险小组、紧急疏散指导小组等。在一个大的社区，也可以组建若干个社区应急响应队队伍，形成社区应急响应队总队，以便快速地展开应急响应行动。

（2）灾时的社区应急响应队组织架构。

在突发事件发生后，正常情况下社区管理者和社区应急响应队队长应尽快启动社区应急响应队应急响应预案，组织社区应急响应队成员开展应急响应行动，社区应急响应队组织架构将继续正常运行。但在突发事件发生时，往往出现各种突发状况，如社区管理者和社区应急响应队队长不在第一现场、缺席或本身遭到重创。在这种情况下，社区应急响应队应具有快速的自组织能力，第一个抵达现场的队员应及时获取灾情信息并制订应急响应计划，这个人就成为社区应急响应队队长（TL）。最初，队长可能负责所有职能，但是随着事件的发展，队长可指派专人或延续原有组织架构，来负责三个主要小组的职能：

● 计划组；

● 行动组；

● 后勤组。

社区应急响应队行动指挥架构见图 7-1。

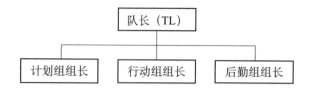

图 7-1　社区应急响应队行动指挥架构

　　为保证组织构架能有效地运行，所有社区应急响应队成员通过汇报流程链向临时队长汇报。当社区应急响应队队长抵达第一现场后，临时队长将向队长汇报并移交队长的管理职责，队长负责向地方消防或者执法部门报告。在收到其他渠道的指示或者社区应急响应队行动解除后，队长会从地方消防或者执法部门那里得到行动指示。

　　尽管在突发事件指挥系统（ICS）的各项功能模块中，描述了一系列详细的职责，但系统本身还是垂直线性管理的。社区应急响应队的每个功能组也有细化的职能规划和任务分配，社区应急响应队队长负责处理和委任每种职能。如果事态发展规模变大，可能有必要指派专人来负责分管具体职能业务，以确保对社区应急响应队队伍的有效管控。

　　① 社区应急响应队队长。

　　● 全面领导事件响应行动；

　　● 确保队员安全；

　　● 设定事件响应目标；

　　● 在分派任务前，全权负责各功能组；

　　● 向他人授权；

　　● 对内和对外进行信息发布；

　　● 建立并维系与其他响应机构的联系（例如消防、执法部门、公共服务部门，以及其他社区应急响应队队伍）；

　　● 从官方机构得到行动指示。

② 计划组。

● 跟进资源状态（例如社区应急响应队成员中肩负"报告职责"的人员数量）；

● 制订行动计划；

● 制订备选策略；

● 提供记录服务。

③ 行动组。

● 指挥协调所有事件的响应行动；

● 通常是第一个被指派任务的功能组。

④ 后勤组。

● 提供通信支持；

● 为团队成员提供食物和医疗支持；

● 管理物资和设施。

3. 社区应急响应队行动

根据突发事件指挥系统（ICS）的管理原则，社区应急响应队遵循以下行动纲要：

● 每个社区应急响应队应制订一个行动指挥架构。

● 社区应急响应队队长（TL）指导团队活动，在灾难发生期间，第一个抵达现场的人将暂时担负这一职责。临时队长，可能在日常社区应急响应队队长抵达现场后被替换。

● 由社区应急响应队队长在现场建立社区应急响应队现场指挥部，这是负责行动指挥和管控的场所。队长会留守在指挥部。如果队长须要离开的话，须要委托一名代理人员。

● 在所有情况下，每个功能组都必须确定一名负责人，负责管理该组的工作，为组员负责，并向其指定的直接负责人汇报。

● 通常，一个组的规模是 3～7 人不等，组长向其指派领导汇报。

4. 社区应急响应队组织结构扩展

社区应急响应队组织结构扩展见图 7-2。

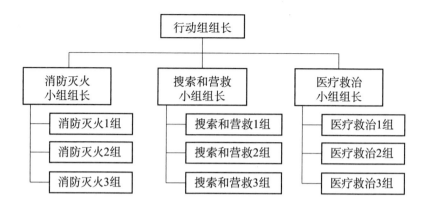

图 7-2 社区应急响应队组织结构扩展

社区应急响应队成员根据需要被分配到以下功能组：

● 后勤组——负责管理资源、服务和物资；

● 计划/信息组——负责信息收集和发布，以及收集和编纂信息记录；

● 行动组——进一步划分到消防灭火小组、医疗救治小组、搜索和营救小组；

　■ 每个小组至少应该有 3~4 个人：

　　◆ 一个人作为通讯员负责与指挥部联络；

　　◆ 两到三个人组成搭档伙伴以应对即时需求。

　■ 搜索和营救组至少包括 4 人：

　　◆ 一个人在外围充当安全员；

　　◆ 至少两人进行搜索。

5. 应对媒体

对于任何媒体的采访请求，社区应急响应队成员都应告知社区应急响应队队长。队长须要向社区应急响应队援助机构的公共信息官员请示。

如果是公共信息官员向队长引介的媒体或者授权接受媒体的采访，社区应急响应队队长须要做到：

● 如果采访会影响团队在短时间内为最多的人提供最好的服务这个目标，那么尽量避免接受媒体的采访。

● 如果有必要，可以建立一个媒体接待区域。

● 小心对待媒体要发布的信息，确保其内容的准确性，以及是否经过了审批，同时要注意受害者的隐私权。

● 不要有被强迫回答的感觉。

6. 关于国家突发事件管理体系（NIMS）

突发事件指挥系统（ICS）是国家突发事件管理体系（NIMS）的一部分。它提供了一个灾难管理的综合方法，适用于所有行政层级、所有应急管理的功能和各类突发事件。有了国家突发事件管理体系，突发事件第一响应人，包括社区应急响应队，可以与来自不同地区和学科的应急工作人员更好地共同应对灾害和突发事件。为符合国家突发事件管理体系的标准，社区应急响应队员必须完成 IS-100.a（突发事件指挥系统简介）和 IS-700.b（国家突发事件管理系统简介）两门课程。

根据《中华人民共和国突发性事件应对法》，突发性事件发生后，灾害的应急处置由地方政府按灾害的类型和程度启动不同级别的应急预案，由突发性事件发生地的地方政府负责具体的救灾工作，即属地管理的原则，由政府的突发性事件管理部门负责组织处置。社区应急响应队在抵达灾害现场后应尽快了解和收集灾情信息，开展灾害评估并及时上报上级政府，在上级政府救援指挥部的统一指挥部署下开展救援处置。

7.3　社区应急响应队的激活

● 一旦标准操作程序（SOP）自动激活，社区应急响应队成员将会前往灾害物资储存地集结。途中，他们会进行灾情损伤评估，然后提供给社区应急响应队队长做决策参考。

● 第一位到达集结地的社区应急响应队成员自动成为响应初期的队长。当其他成员抵达后，初期的队长会把领导权移交给正式队长。社区应急响应队队长会建立响应行动体系，确保有效沟通、队伍的管控，以及为最多的人群做到最好的原则。同时，确保社区应急响应队成员的安全。

● 社区应急响应队队长的首要决策是建立指挥部。成员的集结地有可能也是指挥部。但是，如果有更安全或者更好的场所，指挥部也可以改设在此处。

● 随着信息的收集和筛选，队长要与各个功能组组长确定行动方案的优先顺序。社区应急响应队组织应灵活多变并随着新的灾情不断调整。

随着事件的发展和新信息的收集，行动的优先顺序应随时进行调整。社区应急响应队队长和成员之间应加强沟通，避免社区应急响应队在资源和物资的配置方面出现问题。

7.4　社区应急响应队的动员

下面将介绍当事件发生后，社区应急响应队成员是如何动员起来并兼顾各方安全的。

1. 个人安全

灾害发生后，社区应急响应队成员的首要职责是自己和家人的安全（包括家庭宠物）。

● 确保自己和家人的安全；

● 发短信或打电话给外地的家庭联络人；

● 找到自己的社区应急响应队装备并随身携带；

● 检查自家房屋的受损情况；

● 检查电力和燃气情况，并在确保安全的情况下关闭阀门；

● 如果需要，开启家庭备灾物资储备。

2. 邻里安全

一旦自己和家人安全逃生，在确保安全的情况下，应立即帮助邻居，使其脱困。

● 即刻开展临近房屋的损坏评估；

● 判断和救助需要帮助的邻居；

● 不要单独行动，要与搭档伙伴共同工作。

3. 社区安全

如果社区应急响应队成员被要求协助应急响应人员，要向当地的社区应急响应队队长报告。

● 根据当地的协议，进行扑灭初期火灾、救治伤员、开展简单的搜索与营救、安抚幸存者的情绪等工作。

● 记录所有的信息和活动。

● 全程跟踪人员。

4. 救援人员的安全

救援人员的安全是绝对放在首要位置的。首先要考虑的问题是：让社区应急响应队成员去营救是否安全？

这个问题的答案主要基于破坏程度：

● 如果是严重破坏：不要试图去开展营救行动。使用胶带在此区域周围设置重度灾区的警戒围栏。社区应急响应队成员没有任何法律权限去阻止或限制他人要进入某一个区域。最好的办法是，社区应急响应队成员警告他人场地是危险的。如果得知有人被困在建筑物里，应立即通知社区应急响应队队长。

● 如果是中度破坏：定位，检伤分类（为气道阻塞、大出血和休克人员开展快速评估和即刻治疗）；立即将受害者疏散到安全区域，尽量减少救援人员在建筑物里的人数和时间。

● 如果是轻度破坏：定位，检伤分类，持续评估和记录。

社区应急响应队应根据破坏程度制订营救工作的方案。社区应急响应队基于破坏程度的营救工作见表 7-1。

表 7-1　社区应急响应队基于破坏程度的营救工作

轻度破坏			
消防	搜救	医疗（现场）	医疗（非现场）
根据需要，关闭公用设施	确定位置	再次检伤分类	再次检伤分类
扑灭小火	检伤分类	搬运至医疗区	从头到脚评估
记录	处理呼吸道堵塞/严重出血	从头到脚评估	治疗
	继续研判和行动	治疗	根据需要，方便运送
	记录	根据需要，方便运送	记录
		记录	
中度破坏			
消防	搜救	医疗（现场）	医疗（非现场）
如果安全，关闭公用设施	确定位置	再次检伤分类	再次检伤分类
扑灭小火	检伤分类	搬运至医疗区（附近的安全地点）	从头到脚评估
记录	处理呼吸道堵塞/严重出血	从头到脚评估	治疗
	撤离	治疗	根据需要，方便运送
	警示别人	根据需要，方便运送	记录
	继续研判和行动	记录	
	记录		
严重破坏			
消防	只做外部搜救		
如果安全，关闭公用设施	标记重度受损的区域		
记录	警示别人		
	收集信息		
	立即告知社区应急响应队队长/指挥官		
	记录		

7.5　记　录

关于灾情和资源状况的记录和沟通是十分重要的。有效的信息流动能够更加合理地配置资源和提供专业应急服务。

为什么须要记录事件的发生？记录的目的：

● 社区应急响应队队长将会了解发生了什么事情；

● 社区应急响应队队长能够向专业救援队提供书面信息；

● 社区应急响应队队长能够向资方提供志愿服务的时数；

- 会记录下责任风险；
- 会改善沟通：
  - 功能组之间的沟通；
  - 轮班人员之间的沟通。

在社区应急响应队组织架构中，每一层级都有记录的义务。

- 各功能组组长负责向指挥部汇报灾情信息，包括损害评估、小组情况和需求进展。
- 指挥部负责记录灾情状况，包括：
  - 发生地点；
  - 进入路线；
  - 识别灾害；
  - 支援区域，包括：
    - ◆ 集结区；
    - ◆ 医疗区和检伤分类区；
    - ◆ 殓房。

这些信息对掌握并了解整体局势是至关重要的，社区应急响应队队长必须时刻做好向现场专业救援人员提供记录文件的准备。

最重要的是要记录下发生了什么事。可以通过本单元提供的模板来记录信息，也可以简单地记录在一张白纸上。每一个组织实体，例如功能组或者集结区人员必须要记录发生的一切事情。队长负责指派记录人员并提供指导。

有 8 个标准表格可以帮助协调记录和信息的传递，社区应急响应队表格包括：

- 损害情况评估表；
- 人员签到表；
- 事件/任务跟踪日志；
- 工作简报/小组行动日志；
- 灾民治疗区域记录表；
- 通信日志；
- 设备库存表；

● 基本信息表。

即便不使用上述表格，只要能写下所有活动的细节，记录员也能创造出有用且高质量的记录文件。

记录表格种类及用途见表7-2。表格具体内容见单元附加材料。

表7-2 记录表格种类及用途

种类	用途
表7-3 损害情况评估表	● 由社区应急响应队成员完成该表。因为成员会在前往集结地的途中进行评估，然后提交给社区应急响应队队长。内容包括选定区域里所有的致灾因子信息，例如： ■ 火灾； ■ 公共设施障碍； ■ 结构性损伤； ■ 伤害与伤亡； ■ 可进入途径。 ●对行动方案优先排序和制订至关重要。
表7-4 人员签到表	● 社区应急响应队成员抵达集结地后，须要填写签到表，内容包括： ■ 谁在现场； ■ 他们什么时候到的； ■ 被委派的时间； ■ 他们的专长。 ● 集结地人力资源组使用该表，用于了解可用人员信息。
表7-5 事件/任务跟踪日志	● 指挥部使用该表，用于了解事件状况，跟踪整体灾情。
表7-6 (a) 工作简报 表7-6 (b) 小组行动日志	● 指挥部使用该表，用于给各功能组传达指令；各组用该表记录他们的行动，并汇报新灾情评估信息。
表7-7 灾民治疗区域记录表	● 医疗救治区域人员使用该表，用于记录灾民送入医疗区的信息，以及他们的状态和状况。
表7-8 通信日志	● 由无线电操作员完成该表，用于记录传入和传出。
表7-9 设备库存表	● 用于社区应急响应队管理设备入库和出库记录。
表7-10 基本信息表	●用于指挥层面和各功能组之间的信息传递；消息应该清楚简洁，能反映关键问题，如： ■ 任务的完成情况； ■ 额外的资源需要； ■ 特殊信息； ■ 情况进展。

这些表格在行动时有助于收集和整理重要信息。然而，如果没

有合适的记录表格，信息也必须记录下来。这就是为什么社区应急响应队个人应急箱里都备有笔记本和笔的原因。

7.6　活动：社区应急响应队的组织功能

目的：

将社区应急响应队的组织功能与具体情况联系起来。运用社区应急响应队组织功能相关知识，判断以下列表中描述的社区应急响应队活动应该归类在哪一个功能组里。一些活动可能需要不止一个功能组的介入。

在每个活动描述前空白栏填入响应功能组的首字母缩写：

TL＝队长（team leader）；

O＝行动组（operation）；

P＝计划组（planning）；

L＝后勤组（logistics）。

说明：

（1）将学员按照桌分组；

（2）每组讨论每项活动描述对应哪项社区应急响应队职能。

（3）告诉学员仔细阅读每项活动说明，然后使用首字母 TL、O、P 或 L 与对应的活动联系起来。

（4）活动完成后，要求每组选一名代表向全班公布本组答案。

① 天黑了，没有灯，你需要更多的手电筒才能继续作业。

② 指定急救站有一条被击落的电线。

③ 邻居举报屋内有天然气味道，但是无法关闭控制阀。

④ 便携式收音机里的电池没电了。

⑤ 市级机构须要了解你所在社区的整体情况。

⑥ 你的邻居有几个是轻伤需要急救。

⑦ 火势从邻居街区蔓延到你所在的街区。

⑧ 急救站附近有大狗出没。

⑨ 新闻工作者抵达后，拿着相机在记录你的行动。

⑩ 两个精神失控的邻居需要帮助，一个说她的十几岁的孩子在灾难发生时正在外面玩，此刻已经找不到了；另一个说他的妻子在搬动书架时头部受伤出血，请求帮助。

⑪ 开始下雨了，指挥部和急救区没有避雨棚。

⑫ 许多人找到队长，请求派人来当"看门人"。

⑬ 你所在的街区的车流量和人流量激增，因为其他地方有道路阻塞。

⑭ 队长很累，他将自己的职责移交给他人。在移交前，队长需要一份街区状况报告。

⑮ 许多社区居民要提供志愿服务。

⑯ 下一个街区的损害和受伤报告已经出来，须要派遣团队前往评估灾情。

⑰ 专业应急响应人员已赶到现场，需要一份简要的情况报告。

7.7 单元小结

社区应急响应队组织架构是一个灵活的体系，其人员、设备、装备可在必要时进行扩充。

社区应急响应队队长必须要经常问的一个关键问题是：社区应急响应队成员尝试救援时是否是安全的？这取决于建筑物的受损程度。提醒：社区应急响应队成员的安全要始终放在首位。

灾情和资源信息的记录和沟通对于社区应急响应队各级都至关重要。

● 部门、组、团必须向指挥部持续提供损害评估信息，以及事件状况和需求变化。

● 指挥部必须通过记录灾情状况来掌握整体灾情，并上报应急响应机构。

7.8　作　业

要求小组阅读和了解下次课程将要讨论的单元内容。

7.9　附加材料

表 7－3　损害情况评估表

地点					队名				日期			
评估 （检查是否适用）												
火灾		致灾因子				建筑物		人员			道路		动物		
燃烧	熄灭	天然气泄漏	漏水	电	化学品	受损	坍塌	受伤	被困	死亡	畅通	堵塞	受伤	被困	可行动
观察结果															

填写人		第___页，共___页

表7-4 人员签到表

签到时间	离开时间	姓名	身份证号	队名 联系电话	希望加入的工作组			日期 技能	组对安排	时间安排
					消防	医疗	搜救			

记录员　　　　　　　　　　　　　　　　　第___页，共___页

表 7-5　事件/任务跟踪日志

		队名		日期	
任务		任务		任务	任务
地点		地点		地点	地点
小组		小组		小组	小组
组长/联系方式		组长/联系方式		组长/联系方式	组长/联系方式

开始时间	结束时间	开始时间	结束时间	开始时间	结束时间	开始时间	结束时间

目标	目标	目标	目标

结果	结果	结果	结果

CERT 队长/指挥官 _____

第____页，共____页

记录员 _____

表7-6（a） 工作简报

队名		日期
指挥部联系人/电话	离开时间	返回时间

指导内容

小组名称		地点	

目标	
装备配给	

响应小组报告

火灾		致灾因子				建筑物		人员			道路		动物		
燃烧	熄灭	气体泄漏	漏水	电	化学品	损害	坍塌	受伤	被困	死亡	畅通	阻塞	受伤	被困	可行动

表 7-6（b）　小组行动日志

记录员	第＿＿页，共＿＿页

注：每次行动注明时间，如需要可画图记录。

表 7-7　灾民治疗区域记录表

		队名		日期

治疗区域的位置

接收时间	姓名及描述	检伤分类标示	状况/治疗（根据需要更新）	转移至	离开时间
		即刻□ 延迟□ 轻微□			
		即刻□ 延迟□ 轻微□			
		即刻□ 延迟□ 轻微□			
		即刻□ 延迟□ 轻微□			
		即刻□ 延迟□ 轻微□			
记录员				第___页，共___页	

表 7-8　通信日志

	队名			日期
	无线电通信员姓名			

时间	从	到	信息

第＿＿页，共＿＿页

表7-9　设备库存表

资产编号	物品描述	所有者	队名	发给	数量	日期	时间	签收	备注
				发放					
				归还					
				发放					
				归还					
				发放					
				归还					
				发放					
				归还					
记录员							第___页,共___页		

表 7 - 10　基本信息表

致		职务	
自		职务	
主题		日期	时间
信息			

签署		职务	
答复			

日期	时间	签署/职务

第8单元

灾后心理疏导

本单元将学习以下内容：

● **灾后心理疏导**：灾难对救援者和受害者的心理影响，以及如何对其提供心理急救。

● **如何照顾受害者、救援者和救援者的同伴**：在灾难发生前、发生中及发生后，在 CRET 框架下应该采取怎样的行动。

8.1　简介和单元概述

社区应急响应队成员在灾难发生期间可能会听到和看到一些令人不舒服和不愉快的信息（画面、声音等）。

社区应急响应队成员必须学习在灾难发生时和发生后要为扮演其工作角色做些什么样的准备。他们需要了解灾难可能对他们和其他人造成的情绪和生理上的影响和冲击。这会帮助社区应急响应队成员去理解和管理他们自己对危机事件的反应并更好地和别人一起工作。

灾后心理疏导不是治疗，而是在现场救援中提供的一系列情绪干预的技术。本单元所包含的这些技术主要是满足所有幸存者、受害者和社区应急响应队成员的需要，帮助他们管理自己的心理状况。

1. 单元目标

在本单元学习结束后，学员应该掌握以下内容：

● 灾难发生时和发生后，受害者和救援者的情绪反应；

● 救援者应该采取哪些步骤来减轻其自身和其他受害者的应激和压力。

2. 单元内容

理解心理疏导的下列要素：

● 灾难创伤；

● 团队安康；

● 对受害者创伤开展工作。

8.2　灾难创伤

在灾难发生期间，无论是受害者还是救援人员可能都会经历极其不愉快的视觉、嗅觉和听觉体验。

直接的心理创伤可能源于：

- 自身亲人的丧失；
- 帮助同样受到伤害的邻居、朋友和合作者；
- 安全感的缺失。

替代创伤：替代创伤也指同情疲劳（compassion fatigue）或者二级创伤（secondary victimization），是指暴露于受害者创伤的一种自然反应。一个人过于强烈地认同受害者，可能会导致其产生与受害者同样的体验。替代创伤是一种助人者的职业风险。

不要对受害者过度地认同。之所以要避免将受害者的感受变成自己的感受，是因为这样会导致作为救援者的工作能力受到削弱，也会导致对其本人的长期冲击。承担别人的问题会使救援者自身的应激和别人的问题混杂在一起，并会使得社区应急响应队的整体工作效果受到冲击和影响。

社区应急响应队成员须要警惕在自己身上出现的和灾难受害者，以及其他受害者一样的灾难创伤症状。只有这样，他们才可以采取行动来减轻应激和压力。

1. 可能的心理症状

救援者可能出现或者观察到他人的灾难产生相关的心理和生理反应类型：

- 易激惹或易怒；
- 自我责备或者责备他人；
- 孤独和退缩；
- 对再体验（创伤经历）的害怕；
- 感到震惊、麻木和崩溃；

- 无助感；

- 情绪起伏不定；

- 沮丧、抑郁和哀伤；

- 否认；

- 注意力涣散，记忆出现问题；

- 亲密关系问题/夫妻不和。

2. 可能的生理症状

可能产生的生理症状如下：

- 食欲减退；

- 头痛或者胸痛；

- 腹泻、胃疼、恶心；

- 过敏；

- 过度使用药物；

- 做噩梦；

- 失眠；

- 易疲劳。

8.3　团队安康

在一个危机事件发生前、发生中和发生后，社区应急响应队可以采取一系列的行动，这样有助于管理灾难反应对团队成员情绪的冲击和影响，此即团队安康。

预先知道在本单元中提及的灾难创伤所可能导致的身心症状，有助于管理其所带来的冲击，这也是管理冲击和影响的一种方法。

对社区应急响应队成员应激和压力管理的其他方面还包括在发生类似反应时，社区应急响应队成员自己可以采取的措施，以及社区应急响应队领导者可以采取的行动。

1. 如何减少自身应激和压力

这需要花一些时间去思考个体减轻压力的方法。只有自己才知道最佳的减轻自身应激和压力的方法，为此在事故发生之前就努力去找到减轻自身压力的方法是更值得去做的一件事情。

在日常生活中可以采取以下预防性措施：

- 保证充足睡眠；
- 规律的体育锻炼；
- 健康的食谱；
- 工作、娱乐与休息的平衡；
- 允许自己既付出去帮助他人，也获得他人帮助；
- 与他人有联系；
- 使用精神资源。

除了预防性的步骤之外，也要意识到在处理一个灾难事件后会出现的创伤反应。应该告诉家人和朋友，在自己从一个灾难现场回家后应该如何支持自己。家人和朋友应该：

- 当需要的时候做到倾听；
- 不要强迫他人说话。

一般情况下，社区应急响应队成员可能会想要和其所爱的人或者朋友去倾诉和讨论本单元此前部分所谈及的心理和生理症状。

对于有经验的救援工作者，在控制他们自己的应激和压力水平方面，这些方法和步骤是很有帮助的。但是在有些情况下，还是有必要去寻求心理健康专业人员的帮助。

2. 团队领导如何帮助队员减轻应激和压力

社区应急响应队团队领导在灾难发生前、发生中和发生后，所要采取的帮助救援工作者减轻应激和压力的方法和步骤：

- 预先准备好简明社区应急响应队手册，这样他们可以预料到受害者和队员自身可能会出现的情绪反应。
- 牢记社区应急响应队是团队工作。分担工作负担和情绪负担可以帮助去除压抑的情绪。
- 休息好并有计划地轮换团队成员工作的强度和内容，这样可以避免过度劳累。

● 指导救援者预防在事故现场发生冲突，以减轻应激和压力。

● 鼓励适当饮食和饮水，通过这样的方式保持体内的水分。队员须要饮用水或者其他补充电解质的饮料，不要饮用富含咖啡因和糖分的饮料。

● 在事发 1～3 天后安排心理减压团体的时间，在此团体中救援者可以更加深入地去描述他们的经历和表达他们的感受。

● 安排团队成员的轮换岗位和工作（例如从高压力工作岗位换到低压力工作岗位），鼓励团队成员相互交流他们的经历和体验。这对他们的心理健康非常有帮助。

● 逐步停止工作，在处理危机事故中要帮助救援者逐步地从高压力、高应激工作转换到低压力、低应激工作的方式来退出工作。例如不要让一个刚刚完成了高压力工作的人直接退出工作或者回家，而是安排他们先做一些低压力的工作，这样他们可以更好地逐步减压。

● 在救援者完成工作后和他们做一个简要的讨论，这样他们可以描述自己的经历和表达自己对此的感受。

3. 危机事件心理减压

危机事件心理减压（critical incident stress debriefing ，CISD）是一种对社区应急响应队来说很有帮助的干预方法，是危机事件应激管理（critical incident stress management，CISM）的方法之一。危机事件应激管理是一种在危机事件发生后帮助受害者处理创伤的短程治疗方法，通过实施危机事件心理减压来帮助受害者。目标是减少人们罹患创伤后应激障碍的可能并帮助他们尽快地回到日常生活中去。

危机事件心理减压是危机发生之后 1～3 天开展的一项团体活动。它主要用来帮助急救服务者和志愿者应对创伤性事件。

危机事件心理减压不作为一个单独使用的心理干预措施，而是要和其他类型的心理干预，例如心理减压法等联合使用，并在此后对有需要的个案跟进个别心理治疗。

危机事件心理减压分为七个阶段：

第一阶段：简介和描述工作目的；

第二阶段：回顾事实；

第三阶段：分享最初的想法和体验；

第四阶段：分享对危机事件的情绪反应；

第五阶段：介绍正常的应激反应；

第六阶段：回顾症状；

第七阶段：总结和对将来需求的评估。

危机事件心理减压是一个自愿参加的活动。

社区应急响应队课程的组织者可以帮助社区应急响应队成员安排并提供危机事件心理减压服务。如果确实有这样的资源，应该告诉有需求的队员如何获得此类服务。

如果无法获得危机事件心理减压服务，可联系红十字会或者某个心理健康团体，组织队员前去寻求危机事件心理减压服务。

虽然有时可能是有益的，但宗教咨询不能替代灾后心理咨询。

8.4　对受害者创伤开展工作

开展相关工作的前提是识别受害者所经历的情绪阶段，以及救援者在每一个阶段可能会遭遇到的事情。

● **冲击期**：因为还处在休克否认的阶段，受害者一般来说没有表现出恐惧，实际上可能表现得没有情绪。

● **搜寻期**：在事件发生之后，受害者开始评估所受到的破坏并开始寻找其他受害者。在这一阶段，为了应对突如其来的灾难，人们惯常的社交关系被更加紧密和有功能的社交关系（例如搜寻和救援）所替代。

● **救援期**：受害者希望从这些救援专业人员那里得到指导，因此作为一个紧急救援人员（包括社区应急响应队成员），其身份识别物（例如专业头盔和背心等）非常重要。

在这一阶段，受害者会表现得非常合作和依从。

● **恢复期**：受害者可能开始聚在一起反对救援者。

■ 受害者可能会对救援者表达愤怒和抱怨。这些愤怒的反应实际上也是创伤和哀伤反应的表现。因为人们在灾难中失去控制，经历生命威胁，经历亲人离去或者伤残，因此会感到哀伤和愤怒。救援者要记得，这些情绪并不是针对救援者本人的，也不是针对社区应急响应队的。

■ 作为社区应急响应队成员应该可以预料到受害者会出现一些灾难所导致的心理效应，并且可以预料到的是，有些反应会直接指向成员本身。

1. 创伤性危机

危机是指人们所经历或者目睹的一个事件，该事件已经超出一个人的应对能力，具体包括：

● 实际已经发生或者潜在的死亡危险；

● 重伤；

● 毁灭；

● 失去和家庭及好友的联结。

创伤应激可能会影响：

● **认知功能**。经历创伤者可能出现非理性的行为，表现在性格发生改变、决策困难等。他们的记忆也会发生障碍，表现为分享记忆和提取记忆的困难。

● **身体健康**。创伤应激会导致一系列的生理症状——从筋疲力尽到身体健康等一系列问题。

● **人际关系**。经历创伤者可能会经历临时和长期的性格、人格改变，最终导致人际关系出现问题。

（1）调节因素。

创伤反应的强度和类型的不同取决于下列因素：

● **此前类似事件的体验**：受害者此前如果也曾经历过创伤性事件，多重事件的情绪效应可能累积在一起导致更强的应激反应。

● **对受害者生活破坏的程度**：受害者的生活破坏程度越大，他们的心理和生理的反应就越大。

● **该创伤事件对个体来说的意义**：受害者感知到创伤事件对其个人的灾难性越大，她/他的应激反应就会越强。

● **个体不得不去应对的情绪状态和资源（特别是社会资源）**：也就是说近来刚经历了其他创伤的人可能难以去应对额外的创伤。

● **创伤事件发生的时间（已经发生了多久），时间治愈创伤。**

作为社区应急响应队成员要记住，人们并不知道——或者说永远不要假设自己知道——别人的想法和感受是什么。请牢记这一点。

不要把受害者表面的态度归因于救援者自己。救援者会看到受害者个体差异很大的一系列反应，要知道这些反应本身就是对危机事件的心理冲击和反应的一部分——可能和社区应急响应队成员做了什么或者没有做什么并没有关系。

（2）稳定受害者的情绪。

社区应急响应队成员心理干预的一个目标是通过稳定受害者的情绪来使得创伤事件稳定下来。

在医疗措施已经被实施之后，才可以提供心理干预。建议可以做以下工作：

● 观察和评估受害者，以决定他们的反应是否会对队员或者他们自身构成危险。

● 从未受伤者处得到帮助，要鼓励受害者把关注点放在应对危机的活动上，因此要安排他们做一些机构性的工作，例如组织协调救援物资。这个策略甚至对受伤受害者也有特别的效果。

● 帮助受害者和其自身的社会支持系统取得联系，例如家人、朋友、单位同事等。

● 通过以下措施支持受害者：

　　■ 倾听他们倾诉自己的感受和生理需要。受害者常常需要倾诉他们的经历——他们需要有人愿意听。

　　■ 共情。让受害者感受到别人可以理解并分担他们的痛苦和哀伤。

（3）关于共情。

共情，通常也被称为共感、同理心和通情达理。共情是指用受害者的眼光、角度和心情来看问题，从而能体验到不断流过受害者心头的感受、情绪和想法。在共情状态中，救援者和受害者"在一起"，然后，救援者再把感受到的受害者的感受反过来再传达给受害者，这就是共情。

在表达共情时，需要注意以下问题。

● 走出自己的参考系统，进入受害者的内部参考系统。共情要求救援者将自己放在受害者的处境中来尝试感受他/她的喜怒哀乐。对此感受越准确，共情的层次就越高。因此要多问自己这样的问题："我是否主观性很强？""我是否对受害者抱着开放接纳理解的态度？""我是否做到了设身处地地进入受害者的内心世界？"

● 向受害者验证。当救援者不太肯定自己是否做到了共情时，可使用尝试性、探索性的语气来表达，请求受害者检验并做出修正。

● 善于利用非言语行为。利用非言语行为，有时比言语表达更简洁而有效，例如目光、面部表情、身体姿势、动作变化等。

● 共情应考虑到受害者的特点和文化背景。一般同性之间或成人与儿童之间可以有某种身体接触，例如握住受害者的手来共情。这在同性间可以使用，异性间则不允许，尤其是对年轻女性。女性救援者对一位处于悲痛中的女性或儿童可用搂抱、爱抚等方式传达自己的关切和理解。

（4）关于倾听。

简单的倾听就已经能够帮助受害者感到安全与理解。倾听是指从词义及情绪上理解对方所希望表达的含义。每个受害者都有其独特的故事，在倾听中，救援人员得以走进受害者特有的生命历程，真正地认识和了解他/她；同时也使受害者的消极情绪得到了宣泄和释放。倾听不仅要听明白，同时要能够体验对方的感受，全身心地专注于受害者，做到与受害者"同在"。

成为一个有共情能力的倾听者须要倾听者能够听并允许受害者倾诉。好的倾听者应该：

- 保持目光接触。以使受害者感觉到真诚和对自己的尊重。

- 避免打岔。让对方说完自己的想法，除非真的听不懂。

- 少问。不停地提问给人的印象往往是听者在受"炙烤"，应表现得像一面镜子，反馈受害者当时正在考虑的内容，总结受害者说话的内容，以确认完全理解了他/她所说的话。

- 换位思考以更加好地去理解倾诉者的观点。根据以往的经验，或者尝试去想象、体验倾诉者的感受。但是为了减少替代创伤，不要完全认同倾诉者的感受。

- 听话听音而不是仅仅听言语本身。要注意倾诉者的非言语信息，例如身体语言、面部表情和语音语调。

- 对倾诉者表述的意思给予重述。确保倾听者已经完全听明白倾诉者所说的同时，也告诉倾诉者他/她有被倾听。这会强化交流的过程。

- 不要急于下结论。急于下结论会让受害者感到救援者没有耐心听自己述说，会因为讲话被打断而扫兴；对受害者所提问题的把握会因此不够全面和准确。若受害者意识到了这一点，会对受害者所做的判断和提供的意见表示怀疑。

在灾难发生的初期，对受害者所开展的心理援助，救援者基本只要倾听就好，不要给出具体的建议和指导。因为此时任何的安慰、建议和指导都是无力的，受害者也听不进去。救援者这一阶段要做的就是带上耳朵引导受害者讲述，并仔细地、耐心地、共情地听他们讲，不管他们讲得有多么重复都不要打断。在不断讲述的过程中，让受害者自己宣泄并转变。慢慢地，在重复的讲述过程中，受害者会逐步从悲惨的受难者角色转换为经历者角色。

一定记得如果受害者出现自杀、精神病性症状或者不能自我照料时，就应该将其转介到专业的心理健康工作者处（心理咨询师、精神科医师、学校心理咨询师和心理治疗师）去处理（在大多数受害者群体中，这样的情况是很少见的）。

（5）避免说以下内容。

在为受害者提供支持的时候，要避免说下面的话。因为虽然表面上看这些话对受害者来说似乎是舒服的，但是对于刚刚经历过大难的受害者来说，也会导致误解。

●"我能理解你"。在大多数情况下救援者并不能够理解受害者，除非他们有过同样的经历。

●"别难过"。受害者有权利感到难过，也需要时间才能好起来。

●"你很有力量的"或者"你会好起来的"。很多受害者不觉得自己有力量，他们也会怀疑自己是否能从丧失中恢复过来。

●"别哭了"。受害者可以哭，因为哭有助于不良情绪的宣泄。

●"这是上帝的意志""这是命"。对一个不了解的人，在一个危机事件后给予其宗教上的赋义可能会侮辱或者激怒这个人。

●"原本会更糟糕的；至少你还有……；一切都会好起来的"。是否事情原本可能更糟糕，或者是否一切会好起来是取决于受害者的想法感受而不是救援者的。

这些类型的言辞可能会引发强烈的负面反应或导致救援人员和受害者关系变得疏远。

如果受害者对救援人员所说的表现出负面的反应，救援人员要对此表示歉意。

2. 处理死亡事件

尽管有团队的帮助和照料，社区应急响应队成员去面对和处理已然去世的受害者也仍然是一个痛苦的工作。对于这样的情况处理的指南如下：

● 覆盖遗体，以尊重的方式对待遗体，将遗体紧紧地包裹起来。

● 如果受害者死于治疗场所，将遗体转移到临时保存地。（如果在事故现场此人就被分类为"死者"，那就不要把其从事故现场搬离。）

● 尊重当地的法律和文化、宗教礼仪。

● 积极和地方当局交流。

有些情况下，家人或者朋友可能并不知道他们所爱的人的死讯，社区应急响应队成员可能不得不告诉他们这一悲伤的消息。在通知（逝者）家人或朋友死讯方面应该这样做：

● 把家庭成员或朋友从人员聚集处带离到一个安静、私密的场所。

● 如果可能的话，请他们坐下。

● 保持目光接触并运用平静与温和的语气。

● 这样告诉死者家人和朋友："很抱歉地告诉您，您的家人去世了，很遗憾地告诉您这一不幸的消息。"如果救援人员知道死者的名字和他们与受害者关系的话是可以提及的。

● 帮助家庭成员和朋友并同他们一起哀悼。

8.5 单元小结

● 在灾难发生期间，救援者可能会暴露于极端痛苦和令人难受的情境中。这样的经历是充满应激和压力的，也许也是创伤性的。

■ 过度认同受害者可能会导致救援者的替代创伤。

■ 在灾难发生后，受害者和救援者都可能出现心理和生理的创伤症状。

■ 在危机发生前、发生中和发生后，社区应急响应队领导者要采取措施去减少救援者的应激和压力。

■ 社区应急响应队成员要自己采取个体化的方式去减轻应激和压力。

● 危机事件心理减压（CISD）是危机事件应激管理的一种方法。CISD 有七个步骤，是处理创伤的一种干预方法。

● 研究表明在一个灾难发生之后，受害者会经历不同的情绪阶段：

■ 冲击期；

- 搜寻期；
- 救援期；
- 恢复期。

● 创伤性的应激可能会影响认知功能、身体健康和人际关系。

● 基于一系列影响因素，不同的人对创伤应激会有不同的反应。

当一个人的应对能力崩溃的时候会发生创伤危机。

- 心理干预的目标是通过稳定化个体去使得危机事件稳定下来。
- 通过成为一个共情的倾听者来为受害者提供支持。

第9单元

洪灾应对

本单元将学习以下内容：

● **辨识洪灾**。什么样的情况下需要抗洪，以及应急管理系统如何进行响应。

● **洪灾危害**。认识洪灾的危害，以及如何安全地进行响应。

● **使用沙袋**。抗洪过程中如何填充和搬运沙袋。

● **搭建沙袋防护堤**。怎样安全、有效地搭建沙袋防护提。

9.1 简介和单元概述

1. 单元目标

在本单元学习后学员应该：

● 明确社区应急响应队在抗洪过程中的作用。

● 描述在什么样的情况下需要采取抗洪措施，以及应急管理系统如何进行响应。

● 能说出洪水的危害，以及如何在这种环境下安全地开展工作。

● 能说出如何安全使用沙袋，包括：

　　■ 如何安全填充沙袋；

　　■ 如何安全搬运沙袋；

　　■ 如何安全搭建沙袋防护堤。

● 能正确演示如何填充和搬运沙袋，以及搭建沙袋防护堤。

2. 单元要点

本单元涉及的理论知识和技能对于社区应急响应队成员日后进行安全、高效的洪灾应急响应有重要作用。

本单元关注的是抗洪工作，而不是备灾工作。本单元学习结束时，学员将有机会就沙袋抗洪作用进行一些操练。

3. 地方洪灾历史记录

回顾所在社区的洪灾历史记录，包括当时的抗洪情况。讨论的重点集中在：

● 事件；

- 响应；

- 经验总结；

- 洪水的未来威胁。

4. 确保个人安全

抗洪期间救援人员的个人安全十分重要。根本上来说，社区应急响应队成员的人身安全都由个人负责，因为最了解自身身体状况和能力的正是自己。

在相关模块后面的内容中，会讲解到更多在抗洪期间如何确保自身安全的内容。社区应急响应队成员应该：

- 对自身身体状况有正确估计，懂得适可而止。

- 与人协作。

9.2　洪灾应对工作概要

这部分内容将介绍抗洪的基本知识，包括：

- 当地发生洪灾的原因；

- 什么是洪灾；

- 应急管理响应；

- 抗洪物资、抗洪行动和抗洪工具。

1. 什么是洪灾

在中国，洪灾是最常见的灾害之一。洪灾带来的影响可能会对社区等局部产生影响，也可能产生大范围影响。

明确下列关于洪灾的要点：

- 所有的洪灾都不尽相同。

- 一些洪灾扩展缓慢，可能需要几天；但是像闪洪这样的洪水发展速度则很快，很短时间内就扩展开来，而且毫无雨水等先兆。

- 闪洪通常声音巨大、破坏力惊人，以水墙的形式呈现，袭来的时候裹挟着岩石、淤泥和其他碎片。

- 漫溢洪水常发生于河流或溪流之外，比如由堤坝出现缺口导致的慢溢洪水，破坏力巨大。

- 大坝决堤的时候一样也会发生洪水，造成的破坏与山洪类似。

2. 洪灾的种类

- 海岸洪水。

  - 可能由潮水涌浪和山洪引发；

  - 通常由飓风和其他种类的强降雨引发。

- 漫溢洪水。

  - 通常由大范围强降雨或伴随积雪融水引发河水外流出河道、堤坝产生。

- 暴雨洪水（山洪）。

  - 通常由短时强降雨引发；

  - 发生时几乎没有征兆；

  - 当河流上游因降雨暴发山洪时，邻近地区即便没有降雨也可能会暴发山洪；

  - 可能受地形的影响产生更严重后果；

  - 冰凌洪水在寒冷条件下，当冰盖碎裂、冰层堆叠、形成障碍淤积在河道内的时候可能会发生。

- 溃坝洪水。

  - 有可能成为最可怕的洪水；

  - 可能由于人为疏忽、设计缺陷或者堤坝结构破坏产生；

  - 大量河水倾泻而下涌入下流河道。

3. 场景

请设想这样一幅场景：

- 当地的大量降水导致当地河道水位上涨；

- 地方社区有理由相信河道会产生洪水。

4. 洪灾应对

如果洪灾即将来临，人们要采取下列行动：

- 社区预警；

- 通过广播和电话获取下一步应对指示；

- 如有可能是山洪暴发，应立即转移至高地；
- 准备疏散撤离。
  - 将重要物品放置在家中高处；
  - 按照指示将水、电、煤气总开关关闭，所有阀门关紧；
  - 将所有家用电器电源拔掉；
  - 确保汽车加满油；
  - 设计一条通往内陆高地的路线。
- 疏散撤离。
  - 不在流水中行进；
  - 不在洪泛区开车。

9.3　应急响应

应当根据各个社区的不同状况因地制宜地制订响应方案，救灾人员应该对本地社区的方案有所了解，以及社区应急响应队在方案中的作用。

回到之前设想出的场景中，社区中的洪灾预警已经启动生效。

阐述社区中的应急管理系统会怎样对这样的场景做出回应。

- 描述社区的应急计划是什么样的。
- 描述洪灾中公共管理部门和个人在社区中所起到的作用和各自承担的责任。

讨论：社区应急响应队在社区应急行动或应急计划中的作用。

- 对可能的作用和职责进行讨论。
- 要强调的是，社区应急响应队的作用会随着洪灾种类、发生时间和其他不可控因素的不同而发生改变。对于社区应急响应队来说，遵照灾害响应方案的指示很重要。

如果社区需要抗洪，应该与社区应急响应队成员取得联系，社区应急响应队成员不应该单独擅自行动。

讨论：社区应急响应队负责人在个人监管、团队安全、团队健康方面的作用。

● 建立成员之间的轮换机制，保证抗洪效果。

● 社区应急响应队成员需要签到和签退，这样负责人才会随时清楚他们的行踪。

● 负责人要总揽全局，以最大限度减少对社区应急响应队成员产生的伤害。

● 负责人要提醒和安排社区应急响应队成员们休息、用餐和补水。

9.4 洪灾应对的物资、行动和设备

1. 物资

归纳搭建沙袋防护堤所需基本物资（除人手外）：

● 沙袋：布袋或塑料袋（二者皆可）、沙子。沙袋可以起到阻挡洪水的作用。

● 聚乙烯塑料布，也叫作"PE"。聚乙烯塑料布将沙袋防护堤与水隔开，为沙堤提供防护。尽可能使用重量大的聚乙烯塑料布，一般来说，建材公司、木材厂和农场商店都会备有 6 米×30 米的聚乙烯塑料布卷。

● 木料和板材：进行场地建设时可能会用到木料；在泥地里面铺路的时候，板材能够很好地派上用场。

● 铁锹、独轮手推车等：这些物品是抗洪过程中的必备物资。

● 其他基本物资：饮用水、卫生用品、急救箱和工作手套。

2. 行动

抗洪工作过程包括六种基本行动：

● 物资运输；

● 填充沙袋；

● 运送沙袋；

● 搭建沙袋防护堤；

● 洪水巡查；

● 保障服务。

本单元重点探讨第二、三、四种行动，也就是与沙袋使用相关的行动。以下简介第一、五、六种行动。

● 物资运输：开展本项工作需要的人员包括：大型设备操控人员、卡车司机、仓库工作人员（包括叉车司机）、运送志愿者和其他人员的车辆司机。如果抗洪物资与材料不能在恰当时间运送到恰当地点，抗洪工作的效果将大打折扣。

● 洪水巡查：洪水巡查队伍通常由三人组成，负责巡查抗洪工作进展和关注洪水涨势。他们负责寻找和报告防洪漏洞、沙涌状况（下文会详细介绍），以及检修孔（人孔）或管道装置情况，如有需要立即用防洪沙袋堵住。三人团队的组建是出于安全考虑，如果发现了问题或者其中一人受伤，一名成员可以去求助，另一名留下陪伴照顾伤员。

● 保障服务：负责食物供给的工作人员除了要提供食物以外，还要提供冷饮和热饮。有医疗经验的志愿者负责小伤口、剐擦伤和水泡的处理。

3. 设备

在抗洪期间社区应急响应队成员可能用到的设备器材：

● 抽水泵（用来抽走渗入防洪堤另一侧的水）；

● 卡车；

● 叉车；

● 前端装载车；

● 沙袋填充机。

在抗洪期间，除沙袋外，还需要许多其他不同种类的防洪屏障：

● 填满泥土或者碎石的袋子（不是沙子）；

● 装满水的管子和囊袋；

● 带有防水膜的钢结构；

● 聚乙烯塑料覆盖的干草捆、胶合板或木材。

9.5　抗洪作业时的个人安全

在本部分内容中会介绍更多关于洪水危害的内容，以及如何安全地进行抗洪救灾工作。

抗洪的过程是既需要充足脑力又需要充足体力的过程，在这个过程中，个人安全永远应该摆在第一位。

● 社区应急响应队成员在任何工作中如果感到不适，应该立即提出。

● 社区应急响应队成员们要懂得适可而止，客观看待自己的身体极限。

1. 疲劳

需要重申的是：抗洪救灾的过程需要充足体力。对于救援人员来讲，从个人的客观身体条件状况出发做到适可而止，需要休息的时候就马上休息很重要，尤其是在压力巨大、超负荷加班工作的情况下。

2. 天气

诸如下雨和刮风等天气条件会对抗洪救灾产生影响，使与搭建防洪沙堤相关的工作变得更加困难，并且增加人员受伤的危险。

应根据不同天气变化等因素正确着装。

3. 心理准备

抗洪是一项持续时间长的艰巨任务。其中的各项工作，包括填充沙袋，都是重复性的工作，通常来说从表面不会立即看出工作成效。如此，一部分心理、思想准备不充分的救援人员可能会产生消极沮丧的情绪。

抗洪救灾期间除了身体压力外，思想压力也是救援人员需要休息的重要原因，这样他们才能保持良好的临战状态。

4. 抗洪的危险

总结在水中和水体附近工作的危险：

- 结冰/泥地环境条件；
- 操作配电设备和机器设备；
- 急流；
- 污染物；
- 气温（低温和高温）；
- 泥石流；
- 管涌。

洪水的水压使沙袋防护堤或者堤坝干燥的一边开始冒出水泡，管涌就可能发生。如果管涌带出来的水是干净、清亮的，这种情况基本无害；但是如果带出来的水含沙（叫作"浑水"），这种情况就极其危险了，有可能导致溃堤。

由于很难辨别管涌出的水是浑水还是清水，所以管涌是绝不可以轻视的问题。处理管涌最好的办法是，在周围搭建一圈沙袋防护。

5. 常见疾病与伤病

抗洪期间救援人员可能发生的常见疾病和伤病：

- 高烧/中暑；
- 低烧；
- 扭伤和拉伤（常见部位为脚踝、膝盖、背部和肩部）；
- 手部擦伤；
- 水泡；
- 割裂伤。

6. 巧干工作

社区应急响应队成员在抗洪期间应遵照多项安全须知，这样会降低工作的危险系数。

7. 抗洪安全提示

（1）照顾好自己。

- 大量饮水，规律饮食；

- 自我调节；
- 恰当着装。

（2）保持健康。

- 饭前洗手，养成良好的基本卫生习惯。
- 用腿部提起沙袋，不要用背部。
- 不论伤口大小，都要及时恰当护理。
- 当出现眩晕、胸口疼痛、呼吸不畅或者左臂下段疼痛等症状时，立即停止工作。相比于男性，女性更容易出现呼吸不畅、恶心/呕吐和背部或者下颌疼痛的症状。如果这些症状出现，要立即就医。

（3）工作安全。

- 使用手套、护目镜和气浮装置。
- 小组相互帮助。
- 减少非必要外出，如需出行要三人同行。
- 规划好紧急逃生路线。

（4）特别注意！

- 操作通电设备和机器的时候要万分谨慎、小心。
- 不要尾随施工设备行走。
- 在水中走路的时候要格外小心。
- 在有溃决危险的堤坝或者沙堤周围作业的时候要格外小心谨慎。
- 在路基旁边要小心，注意防范塌方。
- 如遇输油输气管道破裂要马上报告！
- 所有的管涌出水在处理的时候都当作"浑水"来处理，用沙袋将管涌处围好。

9.6　填充和搬运沙袋

抗洪期间需要的沙袋数以万计，所以按照本模块描述的高效实践方法来填充沙袋，可以有效节约体力。

制作沙袋所需的一些必备物料：

● 沙石（或者泥土）；

● 袋子（布袋或塑料袋）；

● 铁锹。

如果没有标准沙袋，也可以找超市里面的散装食物大袋子来替代。

正确用铁锹填装沙袋的方法：

● 填充沙袋是 2～3 人协同完成的工作。

● 第一名志愿者握紧袋子放在地上，一只脚伸出，袋子放在脚前面多一点，把袋子打开。

● 第二名志愿者把装满沙子的铁锹送入袋子中并将沙子倒在袋子里，将袋子填满 1/2 到 2/3。

● 如果可以，第三名志愿者将装满的袋子堆积起来储存好。

对于大规模的抗洪工作来说，填充沙袋只依靠人力就显得捉襟见肘了。这时需要撑袋架将袋子撑开，用卡车装载填充材料，或者动用其他动力装载设备，这样才会事半功倍。

1. 沙袋填充基本要点

● 填充沙袋时，手肘保持在身体内侧。

● 轮流工作、互相交换任务，这样救援人员就不会在长时间的重复工作中感觉不适。

● 一定要戴上手套，保护好自己的手不被擦伤。

尽管沙袋口可能需要松松地捆一下，但事实上沙袋不须要捆绑系紧。不做捆绑的沙袋推起来后会比捆好系紧的沙袋形成更坚固的防护。

2. 正确搬运沙袋的方法

使用不恰当的方法搬运沙袋可能会增加受伤的风险，也会增加疲劳感。

● 抬起沙袋的时候，最好用膝盖而不是背部。

■ 一般来讲，沙袋都是通过运输线搬运的。

- 志愿者们面对面、彼此错开站好，这样能减少传递沙袋过程中的体力消耗。

- 下面是对角线传递法的使用技巧：

  - 运输线上的志愿者们并排站好并报数："1，2，1，2，1，2……"这样一直下去。

  - 报"1"的人向后退一小步。

  - 报"2"的人转过身来。

一般来说，在斜坡上面搭建防护堤的时候，高个子的志愿者应该被安排在运输线末尾，距离防护堤最远的一端。

（1）怎样搬运沙袋——对角线传递法展示。

目标： 为展示用推荐的方式运送沙袋的重要性，尝试下面的活动。

指导： 按照下列步骤来完成沙袋搬运。

① 将学员分成两组。

② 让其中一组并排站成一条直线。

③ 让另外一组面对面错开站成一条直线（这一组使用对角线传递法）。

④ 给在每支队伍末端的学员一只沙袋，让他们开始传递。

⑤ 在每组学员来来回回传递完至少两个来回后，让两支队伍互换队形。

⑥ 重复步骤④。

对角线传递法组成了一个虚拟传送带，如此便减轻了身体的压力，同时提高了效率。而不必像站成一条直线的时候，在接过沙袋之后，身体还要转动180°。

（2）沙袋作业时的安全考虑。

- 时刻关注周边情况，确保自身安全。

- 作业区域如有大型车辆出入，留意其倒车的声音。

- 在配电设备区域工作时，须注意安全。

9.7　搭建沙袋防护堤

搭建沙袋防护堤有特定的方法，用不当方式搭建的防护堤更加容易溃决。

（1）清除要堆放沙袋区域的所有碎片、残骸。

（2）挖一条 10～15 厘米深、两只沙袋宽的沟。

（3）将聚乙烯塑料布铺在地面上，将刚挖好的沟覆盖住，用来与底层的一行沙袋分开，朝向有水的一方，见图 9‐1。

水在这一侧

图 9‐1　聚乙烯塑料布铺法示意

（4）在聚乙烯塑料布上面放一排沙袋压住聚乙烯塑料布的边，将其固定住。

① 顺着水流方向纵向放置沙袋。

② 顺着水流方向不断向上堆叠沙袋。

③ 上面一层沙袋填满沙的部分应该放在下一层沙袋未填满沙的部分，两行沙袋交错镶嵌放置，以防产生空隙。

（5）在第一层沙袋上面以同方向放置第二层沙袋。确保将上层沙袋放置在下层沙袋的接缝处，见图 9‐2。

（6）将聚乙烯塑料布卷起，从固定塑料布边缘的那一行沙袋上面卷过来并再次进行固定。

（7）将聚乙烯塑料布向上拉放在第二层沙袋的上面，并确保不会对继续放置沙袋的人员的行走产生影响。堤坝最终成型见图 9‐3。

（8）再多铺几层沙袋，方向与下面的沙袋保持一致（与水流方向一致）。

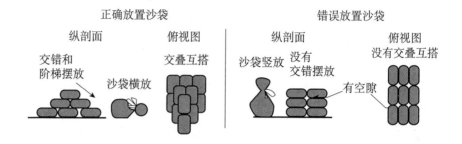

图9-2 沙袋放置方法对比

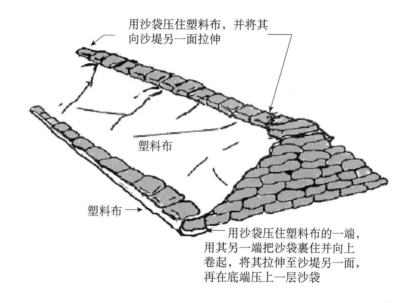

图9-3 堤坝最终成型

相比下层沙袋，上层沙袋在放置时向内错开半个沙袋的位置，并且将下层沙袋间的缝隙覆盖住。

（9）将沙袋堆砌成金字塔形结构，沙堤的宽高比维持在3∶1左右，这种比例可以最大限度地维持沙堤结构的完整性，见图9-4。

（10）沙袋放置好后，对沙袋进行夯实以减少沙袋间的缝隙，确保防线稳固。救援人员可在沙袋上走一走、踩一踩，用脚将两只沙袋的头尾衔接处调整到一块，在连接处保证留有错开的沙袋放置空

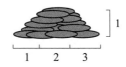

图 9 - 4　沙堤的宽高比示意

隙，将沙袋口掩在沙袋下面。

（11）沙袋高度达到要求后，将聚乙烯塑料布从沙堤底部平面拉到沙堤顶部，并在上面用沙袋固定好，见图 9 - 5。

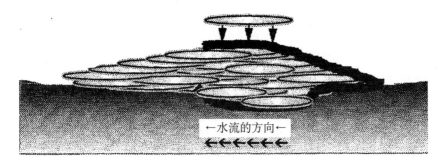

←水流的方向←

图 9 - 5　固定示意

1. 用沙袋处理出水孔和管涌

不要将沙袋直接放在出水孔上面，而应在出水孔周围用沙袋围成一圈，使得出水孔的水流能够形成自由水面，见图 9 - 6。

图 9 - 6　用沙袋处理出水孔

在管涌处用沙袋环形围好以减少渗水，阻挡沙土流动。不要尝试彻底阻挡水流，见图 9 - 7。

图 9-7　用沙袋处理管涌

2. 金字塔结构还是垂直结构

一般来说，沙袋不该垂直码放。但是，如果洪水流速慢、深度很浅、里面没有碎片的话，也可以垂直码放。

除金字塔结构外，不论沙堤堆放采取何种结构设计，都应该先取得工程师的论证通过。

3. 相关安全事项

● 判断管涌出的水到底是浑浊的还是清澈的难度比较大，所以所有的管涌在处理时都当作浑浊来处理即可。

● 在防洪堤上工作时要时刻小心谨慎，可能会有决堤危险。

4. 沙袋作业实践活动

目标： 此项活动旨在让每一名学员都练习填充、运送沙袋和搭建沙袋防护堤。每名学员都有机会练习沙袋作业过程中的各项技巧。

活动指南： 按照下列步骤来进行活动。

（1）将学员两两分成一队。

（2）每支队伍填充 10 只沙袋，每人 5 只，一名学员握住袋子放在地上，另外一名学员用铁锹填沙袋。

（3）每支队伍都填完 10 只沙袋后，让学员们将沙袋运送至公共储备处。

（4）让学员们用对角线传送法运送沙袋。

（5）告知运输线末端的学员将运过来的沙袋搭成 3 米宽、1 米高的沙堤。

（6）要求学员们每隔一段时间进行一次顺序轮转，这样每个人都有机会来放置沙袋。

（7）活动进行期间，教官要根据情况进行指导和提醒。比如，当学员们忘记填补缝隙或者忘记踩实的时候，教官要注意指导和提醒。

9.8　单元小结

在本单元中探讨的重点内容：

- 当地常见的洪灾种类；
- 洪灾种类、洪水监控与预警；
- 应急管理系统在抗洪中的应用；
- 抗洪物资、行动和设备；
- 洪灾实景和危害；
- 如何安全正确地填充和运送沙袋；
- 如何安全正确地搭建沙袋防护堤。

9.9　洪灾应对专业词汇

1. 洪灾种类

海岸洪水：由潮水涌浪和山洪引发，或由飓风和其他强降雨引发。

漫溢洪水：通常由大范围强降雨或伴随积雪融水引发河水外流出河道、堤坝引发。

山洪：通常由短时强降雨引发，发生时几乎没有征兆，当河流上游因降雨引发山洪时，邻近地区即便没有降雨也可能会暴发山洪。

凌汛：当冰盖碎裂、冰层堆叠、在温度相对较低的情况下形成河道阻塞而发生的洪水。

洪峰：洪水的最大高度。

洪水巡查：一般是一支三人队伍，巡查抗洪工作，关注可能发生的问题。

泛滥平原：易被洪水淹没的陆地地区。

洪水水体：整个洪水过程的水。

堤坝：对水位进行调节控制的自然或人工斜坡或者墙壁。通常是土制的，与河道或者海岸线方向一致。

2. 国家气象局监测和预警

洪水监测：国家气象局通知，洪水有可能发生。随时关注中国国家气象局网站或者看电视及时获取相关信息。

山洪监测：国家气象局通知，山洪有可能会暴发。随时关注中国国家气象局网站或者看电视及时获取相关信息。

洪灾预警：国家气象局通知，洪灾已经或者即将发生。如果接到疏散通知，马上行动。

山洪预警：国家气象局通知，山洪暴发。相关人员应尽快到高处躲避。

PE（poly）：聚乙烯材料，用来将沙袋防护堤与水进行隔绝。

PPE（personal protective equipment）：个人防护装备。对于抗洪来说，包括应对不同天气变化的着装、工作手套、护目镜和近水工作需要穿戴的气浮装置。

管涌：沿着堤坝，管涌可能由被截流一侧和另一侧饱和的地面间的水压差导致，在压力下，堤坝干燥的一边开始冒出水泡。

沙袋：里面填充有沙子或泥土的麻袋、聚乙烯或其他材料的袋子，用来控制洪灾。

沙袋防护堤：人工用沙袋搭建的防护堤。

第10单元

课程回顾、结业考试和灾害模拟演练

本单元主要内容包括：

- 课程回顾；

- 结业考试；

- 灾害模拟演练。

10.1　课程回顾

以下是社区应急响应能力基础培训课程各单元的单元要点。如果学习后对这些要点有不清楚的地方，请参阅培训教程中相应部分的内容。

1.《备灾》单元要点

- 家庭和工作场所备灾。

  - 准备灾害补给应急包；

  - 制订灾害响应计划；

  - 撤离还是原地庇护。

- 针对当地高风险隐患的具体备灾措施。

2.《消防安全与设施控制》单元要点

- 危险物品。

  - 识别；

  - 防护策略。

- 公用设施控制。

  - 天然气；

  - 电；

  - 自来水。

  - 评估：强调社区应急响应队评估流程的重要性和九个步骤。

  - 灭火材料。

    - 可获得的一般材料；

    - 室内水管，包括操作和限制（如果适用）；

　　■ 手提式灭火器，人员能力及限制。

● 安全考虑。

　　■ 必须总是使用安全设备；

　　■ 社区应急响应队成员必须总是使用搭档制度；

　　■ 灭火组组长应总是安排有后备小组。

3.《灾害医疗行动》两部分单元要点

● 三种致命状况。

● 仰头抬颌法开放气道。

● 止血办法。

　　■ 直接压迫法；

　　■ 抬高止血法；

　　■ 压力点止血法。

● 治疗休克。

　　■ 患者姿势；

　　■ 保持体温；

　　■ 不要给食物或水。

● 检伤分类。

● 从头到脚的评估。

● 伤口护理。

● 怀疑有头部、颈部或脊柱损伤时的特殊考虑。

● 对医疗区域的考虑。

● 夹板固定和包扎。

● 对各种伤害的基本治疗。

4.《简单搜索和营救》单元要点

● 搜索和营救实际上是两个职能。

● 搜索和营救的目标。

　　■ 在最短的时间内营救最多的人；

　　■ 首先营救轻度受伤的人员。

- 评估。
  - 建筑类型；
  - 相关隐患。
- 结构受损。
  - 轻度受损；
  - 中度受损；
  - 重度受损。
- 搜索技巧。
  - 系统、彻底；
  - 标记搜索过的区域；
  - 记录搜索结果。
- 营救技巧。
  - 运送受灾者；
  - 撬棍和杠杆作用；
  - 抬抱和拖拽解救受困人员。

5.《队伍建设和组织架构》单元要点

- 组织架构。
  - 明确界定的管理架构；
  - 机构人员之间有效的沟通；
  - 责任制。
- 指挥目标。
  - 通过对破坏的评估，确定事件的范围；
  - 确定总体策略和后勤要求；
  - 有效但是安全地调派资源。

6.《灾后心理疏导》单元要点

- 发生灾害后，幸存者和救援人员会出现心理和生理应激和压力症状。
- 社区应急响应队领导者应采取的减轻团队成员应激和压力的步骤。

● 社区应急响应队成员可以采取的减轻自身应激和压力的步骤。

● 帮助幸存者走出心理创伤的策略。

7.《洪灾应对》单元要点

● 洪水的危险，以及如何安全地抗洪。

● 基本的抗洪行动。

  ■ 供应和交通；

  ■ 填装沙袋；

  ■ 搬运沙袋；

  ■ 搭建沙袋防护堤；

  ■ 巡查洪水；

  ■ 保障服务。

● 确保安全使用沙袋的恰当技巧。

10.2　结业考试

（在正确的选项字母上画○。）

第 1 部分：备灾

1. 发生灾害时，社区应急响应队成员的首要责任是：

A. 加入社区应急响应队灾害响应行动

B. 帮助专业的响应人员

C. 确保个人和家庭的安全

D. 为最多人做最好的事

2. 社区应急响应队成员将志愿扮演非灾害职能的角色。社区应急响应队担任非灾害职能的例子是：

A. 为游行、节日和其他特殊活动提供工作人员

B. 关注潜在灾害威胁的新闻

C. 请当地官员提供更多当地应急响应资金

D. 散发宗教传单和其他材料

3. 有四种类型的突发事件，包括自然灾害、事故灾难、社会安

全和____。

A. 机械灾害　　B. 生物灾害　　C. 公共卫生　　D. 安全事故

4. 以下哪种隐患与家庭固定设施和装置无关？

A. 天然气管线破裂　　　　　B. 危险品泄漏

C. 伤害或电击　　　　　　　D. 接线错误导致的火灾

5. 备灾的一个步骤是制作灾害应急包。灾害应急包应分别放置在哪里？

A. 家里和工作单位　　　　　B. 家里的每个房间

C. 车里　　　　　　　　　　D. 家里、工作单位和车里

第 2 部分：消防安全与设施控制

1. 发生具有破坏性的暴雨后，对一个轻度受损的建筑进行搜索时，你和你的社区应急响应队成员发现了一处火情。在对火情进行预估时，以下哪一项需要考虑的重要性最低？

A. 我的搭档和我能否安全地扑灭火情？

B. 我的搭档和我是否有恰当的装备？

C. 有多少人在这个建筑物里？

D. 我的搭档和我能否逃生？

2. 根据你的评估，你确定使用手提式灭火器就可以扑灭这个火情。你和你的伙伴迅速找到了手提式灭火器，你确定这个灭火器是扑灭这个火情的正确类型。在靠近火情前，你需要做什么？

A. 拔掉保险栓，测试灭火器　　B. 等待消防队到达

C. 告诉搭档在门口等着你　　　D. 确保房屋的自来水已经关闭

3. 按照正确的社区应急响应队程序（拔、瞄、压、喷），你操作灭火器。你开始灭火 5 秒钟后，火继续燃烧，你该怎么做？

A. 检查灭火器上的标签

B. 寻找灭火的其他创造性材料

C. 立即离开

D. 你退后，告诉搭档过来试图灭火

4. 消防队赶到时，火情已经扩大到其他区域。你下一步的行动

是什么？

　　A. 使用新的灭火器，再次尝试灭火

　　B. 向一名消防员说明你知道的情况

　　C. 检查隐火

　　D. 派后备小组去灭火

　　5. 如果消防队队长让你和你的社区应急响应队成员待在安全的距离，你应如何反应？

　　A. 继续从建筑物外安全的距离对火情进行预估

　　B. 离开现场

　　C. 跟着消防员进入建筑物

　　D. 呼叫更多社区应急响应队成员过来支援

　　6. 消防队扑灭了建筑物内大部分火情，但是在院子里有小的火情开始蔓延。你注意到附近的棚子上贴着 NFPA 704 标签，上面有数字1、1 和 2。你应当做什么？

　　A. 灭火和检查隐火，因为标签上的数字小，说明风险小

　　B. 离开这个区域，如果能联系到现场的专业消防员，告诉他们这个信息

　　C. 只有在蓝色方格里的数字小于 2 时，才灭火和检查隐火

　　D. 确保你使用正确的灭火器类型

第3部分：灾害医疗行动（第Ⅰ部分）

　　1. 发生 7.7 级地震后，你确保你和家人的安全后，你带上社区应急响应队应急补给包和个人防护设备就出门了。你前往社区应急响应队既定的集合地点时，碰到一名女性躺在路边。你大声说出你的姓名和所属单位，问她："你还好吗？"但是没有回应。根据你目前所了解的情况，你应当怎样做？

　　A. 假定这名女性已经去世，继续前往社区应急响应队集合地点

　　B. 立即用手机打电话给 120

　　C. 评估气道、出血和休克的迹象

　　D. 记下这名女性的位置，去找人帮忙

2. 你靠近受害者。你再次问："能听到吗？你还好吗？"随着你走近，你听到微弱的"救救我"的声音。现在你走得更近，注意到受害者的大腿有撕裂伤，在严重流血。你立即试图用手机打 120 电话，但是没有网络。你知道这名女性严重受伤。你能如何帮助她？

A. 系统地评估三种危及生命的情况，从气道开始

B. 立即把重点放在最严重的威胁——严重流血

C. 从你的应急包中取出毯子，因为这名女性显然处于休克状态

D. 陪伴这名女性，直到更多救援人员到达

3. 你注意到血液从这名受害者的大腿内侧的撕裂伤喷出。这是什么类型的出血？

A. 动脉型　　B. 静脉型　　C. 毛细血管型　D. 致命型

4. 你用什么方法止血？

A. 使用止血带

B. 用你能最快找到的布来包扎伤口

C. 让这名女性坐起来，使心脏高于伤口

D. 使用应急包里的无菌敷料，在伤口处直接施压

5. 过了一些时候，流血开始显著变慢。你问这名女性："你还好吗？如果你能听到我说话，请捏一下我的手。"她的反应只是听不清楚的嘟哝。你注意到她试着捏你的手时，她的手指冰凉（虽然环境气温很高）。你看到的这些迹象和症状告诉你这名女性是什么情况？

A. 低血糖

B. 由于供血不足导致休克

C. 营养不良

D. 对情形的过度应激和压力导致休克

6. 根据你的结论，对这名女性，你将怎样处理？

A. 把她用暖和的东西包裹起来

B. 告诉她睡觉吧

C. 请她自己握住包扎敷料，你去找人帮忙

D. 给她食物和水

7. 如果你为这名女性检伤分类，你会给她挂上什么标签？

A. 即刻处理　　B. 延迟处理　　C. 轻伤　　　　D. 死亡

第 4 部分：灾害医疗行动（第Ⅱ部分）

1. 一场四级飓风（注：飓风分为一到五级，五级最高）刚刚袭击了你们小镇。队长安排你去帮助刚刚遭受损失的社区的一个区域开展检伤分类。到达治疗区域后，你注意到标为 I、D 和 M 的三部分场地，已经安排好受害者位置准备接受治疗。这些场地的标记是什么意思？

A. 已死、濒临死亡、健康

B. 轻伤、即刻处理、敛房

C. 停、让、走

D. 即刻处理、延迟处理、轻伤

2. 你被指令帮助"即刻处理"的受害者。团队的同事让你去打一些干净的水，用来清洗弄脏的手套。你知道供应组已经在路上，但是离到达这里还要几个小时时间。你拿着桶就跑向附近的溪流打水。你该做什么把水消毒供医疗使用？

A. 什么也不用做，因为水取自干净的溪流

B. 按每 3.785 升水放入 8 滴无香味的氯漂白剂，等待 30 分钟

C. 提着水桶找个地方把水烧开，因为你觉得附近好几栋楼里肯定会有一个能用的厨房

D. 放入 120 毫升无香味的氯漂白剂，等待 30 秒钟

3. 你拎着水返回"即刻处理"医疗区时，队长解释一位受害者已经去世。队长让你负责设立敛房。你将如何和在哪里设立敛房？

A. 靠近"即刻处理"区　　　　B. 靠近"延迟处理"区

C. 离开所有三个医疗区　　　　D. 靠近检伤分类区

4. 几个小时后，你返回"即刻处理"医疗区，让队长给你分配新的任务。她快速解释说这个区域现在受害者太多，要求你帮助迅速进行从头到脚的评估。第一个评估对象是一名年轻的成年男性，你在对这名受害者进行评估时，注意到他的左上臂肿胀变形。在你

完成了从头到脚的评估后，你试图摸一摸看这里有没有骨折的迹象，但是还没等你摸清楚，受害者就疼得大叫。在实在无法确定的情况下，你应当假定：

    A. 受害者的胳膊骨折了

    B. 受害者体内流血

    C. 如果你不找到一名医疗专业人士，受害者会死亡

    D. 受害者的胳膊有严重的瘀伤

5. 你知道你需要在受伤处用夹板固定，防止发生进一步伤害。你将如何进行夹板固定？

    A. 试图把骨折复位，用夹板固定，然后评估脉搏、活动度和感觉

    B. 评估脉搏、活动度和感觉，然后再把受伤的地方用夹板固定

    C. 试图把骨折复位，然后用夹板固定骨头位置

    D. 按照骨头现在的位置用夹板固定，在夹板固定前和固定后评估脉搏、活动度和感觉

6. 就在你结束对这名年轻成年男性受害者的夹板固定时，一名女性跑到"即刻处理"医疗区，她抱着一个小男孩，急切地大声喊："有人吗？赶紧救救我的儿子，他脸都变紫了！我觉得他喘不了气了！"你转身跑去帮助这名女性。你让她把孩子放下，这样你可以帮忙。第一步你应当做什么？

    A. 从头到脚进行评估

    B. 让另一名志愿者把妈妈领到一边去

    C. 评估气道、出血和休克迹象

    D. 施行心肺复苏术

7. 在你听肺部声音时，你注意到小男孩喘息，嘴唇发紫。你看不到有什么明显的东西阻塞气道。在你朝下迅速查看小男孩的身体时，你注意到在他手臂内侧有一块剧烈的红肿。你有理由怀疑这个小男孩可能存在：

    A. 过敏反应 B. 未知血液病 C. 高血压   D. 低体温

第 5 部分：简单搜索和营救

1. 在龙卷风袭击了附近的一个社区后，你和社区应急响应队成员同事志愿参与搜救行动。你们到达现场，发现房屋倒塌，车辆刮到了树上，到处都是各种建筑瓦砾。你开始社区应急响应队评估流程，你第一件事应当做什么？

　　A. 收集事实　　　　　　　B. 评估和沟通损害情况

　　C. 确定优先级　　　　　　D. 考虑可能性

2. 你和其他三名社区应急响应队成员开始搜索当地的图书馆，这是一个大型的砖混建筑物，社区里许多人被告知在龙卷风到来之前进去躲避。对这个建筑物的预估表明有表面的损坏，包括窗户破碎和灰泥裂缝。你对这个建筑物的损坏如何定级？

　　A. 重度受损　B. 中度受损　C. 轻度受损　　D. 微小受损

3. 随着你搜索图书馆，你在进入的第一个房间的门口留下一道斜线标记。在搜索标记的左侧象限，你会写什么信息？

　　A. 关于隐患和坍塌的信息　　B. 房间里的受害者人数

　　C. 你的机构或小组识别号　　D. 房间号码

4. 你多次停下来听声音，你听到房间的角落有微弱的求救声音。你走过去，看到一个小男孩腿上有玻璃碎片，无法行走。考虑到和你一起搜索房间的只有另外两名社区应急响应队成员，移动小男孩的方式不建议采用以下哪一种？

　　A. 毯式运送　B. 背带式运送　C. 椅子运送　　D. 单人手臂运送

5. 完成在图书馆的搜救后，你进入一个二楼倒塌的房子，二楼倒塌形成了倾斜的空隙。你应当怎样做？

　　A. 立即离开这个场所，把建筑物标记为不牢固

　　B. 迅速搜索一楼

　　C. 使用斧头或类似工具，砸掉楼板，清理空隙

　　D. 呼救支援

第 6 部分：队伍建设和组织架构

1. 地震发生后，你和社区应急响应队成员同事动员起来，在灾

害现场集合，消防和执法官员已经到达。在采取行动前，你与专业响应人员合作，组织社区应急响应队成员的工作。在社区应急响应队指挥结构中，社区应急响应队领导者是如何确立的？

    A. 到达现场的第一个人即是领导者

    B. 根据资历

    C. 根据部门

    D. 由当地警察局局长确立

2. 你是社区应急响应队队长，因此负责指挥小组活动。你为社区应急响应队设立了指挥岗。如果由于某一原因，你不得不离开指挥岗一下，你该怎么办？

    A. 在你不在时，请执法部门官员接管

    B. 指定在指挥岗的另一个人担任社区应急响应队队长

    C. 离开，社区应急响应队队长的任何责任都不放权

    D. 不管什么情况，你可能都无法离开指挥岗

3. 社区应急响应队成员应总是分配到至少多少个人一组的小组？

    A. 六个   B. 三个   C. 两个   D. 四个

4. 一名女性来到你确定进去会不安全的灾害现场，你该怎样做？

    A. 警告她情况不安全

    B. 如果她试图进入，威胁她你会叫警察

    C. 肢体上限制她进入

    D. 什么也不做，随她便

5. 你应当向谁提供文件记录？

    A. 到达现场的第一名专业响应人员

    B. 当地社区应急响应队领导

    C. 保留文件记录作为你的记录

    D. 民政部

6. 以下哪些表格包含了跟踪总体情况的基本信息？

    A. 灾民治疗区域记录表   B. 事件/任务跟踪日志

    C. 基本信息表   D. 设备库存表

第 7 部分：灾后心理疏导

1. 邻近社区发生破坏性的龙卷风后，你和社区应急响应队成员同事到达这个社区。幸存者在建筑瓦砾中寻找被埋人员，已经找到了六具尸体。他们告诉你找到尸体是什么感觉。你的一名社区应急响应队成员同事开始感到恶心想吐。他显然感到难以承受。以下哪一项是心理创伤的生理症状？

　　A. 过分活跃　　B. 否认　　　　C. 头痛　　　　D. 没有胃口

2. 你们营救的一些受害者显示出心理创伤的迹象，你提前提醒你的小组成员他们应当预知一些心理影响可能会传递给他们。为了帮助小组更好地理解幸存者正在经历的心理过程，你也解释了在发生灾难后危机的四个阶段。在哪个阶段，幸存者试图评估损害，寻找其他幸存者？

　　A. 冲击期　　　B. 搜寻期　　　C. 恢复期　　　D. 救援期

3. 社区应急响应队成员现场心理干预的目标是通过稳定个人，稳定事件现场。你遇到一个人休克了，胸部流血。你应当首先做什么？

　　A. 感同身受地倾听

　　B. 试图确定这个人的家人和朋友在哪里，提供自然的支持

　　C. 说"你会好起来的"

　　D. 应对这个人的医治需要

4. 为了帮助你的小组应对在搜救中感受到的心理创伤，你邀请经过重大事件应激和压力管理的精神卫生专业人士两天后过来，志愿讲解重大事件应激和压力释放。重大事件应激和压力讲解的第一步是什么？

　　A. 回顾症状　　　　　　　　B. 回顾事实材料

　　C. 分享初步的思考和感受　　D. 描述过程，并确保保密

5. 你的小组成员应采取一些步骤减轻个人的应激和压力，以下哪一项不属于这样的步骤？

　　A. 健康饮食　　　　　　　　B. 保证充足睡眠

　　C. 服用抗抑郁药物　　　　　D. 与他人有联结

第8部分：洪灾应对

1. 你和社区应急响应队小组其他成员对你们小镇最近的洪水做出响应。建立沙袋防护堤的第一步是什么？

    A. 封锁你们要堆放沙袋的区域

    B. 挖一条 10～15 厘米深、两条沙袋宽的壕沟

    C. 移除沙袋堆放位置的建筑碎片垃圾

    D. 根据预测洪水性质，计划沙袋的结构

2. 你们建立了沙袋防护堤，但是你注意到在干燥的一面有水开始泛起来，形成沙沸。你该怎么做？

    A. 用沙袋围护沙沸区域

    B. 在涌沙位置上开始堆放沙袋

    C. 呼叫危险品小组过来处理沙沸

    D. 尽可能迅速离开沙沸区域

3. 抗洪有六个主要的响应行动，以下哪一项不是？

A. 保障服务　　B. 填充沙袋　　C. 抽水　　　　D. 供给和运输

10.3　灾害模拟演练

1. 目的

为社区应急响应队成员提供应用所学知识和技能的实战机会，检验社区应急响应能力基础培训的学习成果。

2. 开展灾害模拟演练

（1）把学员分为 4 组。

（2）灾害应急响应模拟演练在四个场地举行。

（3）在场地一，每个小组将获得灾害模拟的信息。根据该场景，学员将：

    ● 确定灾害的破坏程度；

    ● 确定团队的优先级；

    ● 确定需要的资源；

● 确定潜在隐患。

（4）在场地一，小组需要选一位社区应急响应队队长，他或她将根据现有的资源和既定的优先级，建立社区应急响应队组织机构。

（5）在场地二，要求小组：

● 评估火灾情况；

● 选择适合该火情的恰当灭火器；

● 扑灭火灾。

注意：每个人都需要演练扑灭火灾。

（6）在场地三，小组需要进行检伤分类，并利用可以利用的医疗装备对受灾者进行治疗。

（7）在场地四，小组将利用杠杆和支架营救废墟下的幸存者。

（8）在四个场地的执行任务时间为 15 分钟。

3. 灾害情景样本

苹果谷是一个农村社区，人口 1.3 万。你所在的镇就在苹果谷，位于 Dawson 和 Sparkville 之间。

南草坪退休人员之家是一家私人拥有的老年病养护设施，位于经七路的尽头（见图 10‑1）。此处正在修建一条新的马路通向南草坪养老院，但是目前只有经七路能到。由于南草坪养老院与苹果谷的其他部分隔了一条东南铁路主干线，如果发生重大事故，会被隔绝，所以养老院管理者抓住机会，组建了社区应急响应队。两周前刚刚举行了社区应急响应队培训。

你是养老院的一名员工，也是社区应急响应队成员。

这是 6 月份的一天，天气闷热潮湿，这样的天气一般会有雷暴。白天早些时候，国家气象台就发布了下午和傍晚会有严重雷暴的关注信息。下午，气温升至 30 多摄氏度的高温。西南方向能明显看到阴云密布，风雨欲来。

在吃晚饭的休息时间，你打开了气象频道，收看最新的预报。国家气象台已经把对雷暴的关注升级为预警。吃完晚饭后，你返回养老院的二楼继续工作。工作时，你听到远处雷声滚滚。

过了一会儿，你听到户外警报开始响起。你立即开始按照养老院既定的龙卷风警报工作程序行动，但是已经没有时间了。还没等你把第一位坐在轮椅上的患者推到走廊里，你就听到走廊的另一头玻璃碎了。这场龙卷风（后来知道达到 F-3 级，风速每秒 70～92 米）已经击中了建筑物的西北角，掀掉了屋顶，到处都是破碎的玻璃，并导致建筑物西北角部分坍塌。

随着龙卷风过去，你意识到你和你负责的养老院老年患者是安全的。但是，你迅速看向走廊的那一头时，听到那个区域传来尖叫声，你能肯定有人受伤了。虽然情况还不明朗，但是你认为你闻到了烟味。

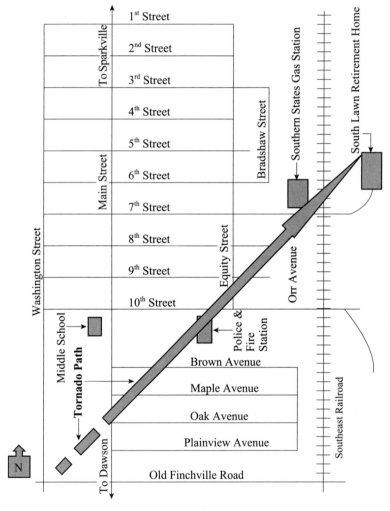

图 10-1　位置示意

10.4　对模拟演练的评价和课程总结

在演练结束时，对在演练中学到的要点和遇到的难点，引导学员进行互动式讨论。

学员提供关于自己表现的反馈，包括：

● 总体行动；

● 沟通；

● 安全；

● 团队协作。

教官回答关于练习的任何评论或问题。

进一步的继续教育和培训对保持和改进社区应急响应队成员技能非常重要。建议社区应急响应队成员参加：

● 定期的进修培训；

● 标准和高级急救课程；

● 心肺复苏课程。

10.5　结业

向考试合格的学员颁发课程结业证书。

感谢参加社区应急响应能力培训课程！

社区应急响应队

平时有准备，灾时能行动！

补充材料

补充材料 1　美国联邦应急管理署

(Federal Emergency Management Agency，FEMA)

FEMA's mission is to support our citizens and first responders to ensure that as a nation we work together to build, sustain, and improve our capability to prepare for, protect against, respond to, recover from, and mitigate all hazards.

FEMA 的使命是向公民和第一响应人员提供支持，确保作为一个国家会共同努力，建立、保持和改善对所有灾害进行准备、预防、响应、恢复和减灾的能力。

补充材料 2　国家突发事件管理体系

(National Incident Management System，NIMS)

国家突发事件管理体系（NIMS）是灵活的，因为它适用于任何事件，无论事件的起因、规模大小、发生的位置或复杂程度，其各个组成部分也可以用于形成所有危害的计划、过程、程序、协议和作用。

此外，国家突发事件管理体系（NIMS）提供了一个有组织的可扩展性和标准化的运作结构，使各种组织和机构以一个可预测和协调的方式共同工作，这是非常关键的。

总之，国家突发事件管理体系（NIMS）：

● 是一种对于突发事件管理的综合性和全国性的系统方法；

● 是一套核心的适应所有危害的学说、概念、术语和组织过程，它不是一个可以操作的或资源性的计划；

● 是可扩展的，因而可以适用于所有突发事件（从日常的事件到大规模的事件）；

● 为共同的行动蓝图和通信的互操作性提供了基本原则；

● 为在不同的司法管辖区和组织之间进行协调，提供了标准的资源管理程序。

NIMS 资源中心提供在线资源，来实施和维护 NIMS 的理念和原则，包括：

● NIMS 信息及相关文件。提供访问 NIMS 文件的相关附件、指南、材料和文件。

● NIMS 组件。提供信息、指导和关键资源，诸如资源类型定义、相互援助协议、互操作性、认证、培训和演习。

● NIMS 实施指导。给利益相关者提供指导和帮助，也包括联邦备灾奖励的信息。

● 简报、培训和其他资源。提供宝贵的资源，如 NIMS 简报、培训需求和机会、提醒、经常被问到的问题、总结的经验教训、表格和工作指导等。

NIMS 适用于积极参与应急管理和突发事件响应的各级政府、私营部门和民间组织。下面是它们的关键作用和职责的概述。

（1）联邦部门和机构。

HSPD-5 要求所有联邦部门和机构在他们的个人突发事件管理的计划和活动中采用 NIMS，以及支持国家、领地、部落和当地政府所采取的一切行动并提供协助。

（2）国家、领地、部落和当地政府。

在绝大多数的事件中，国家、领地、部落、当地的政府资源和相互援助协议提供一线的突发事件响应、管理和协调。在新概念的基础上，NIMS 基于这样的管理理念，即地方政府保留指挥、控制和在他们的管辖区启动应急响应活动的权力。作为联邦政府准备援助的条件（通过赠款、合同和其他活动），HSPD-5 要求州政府、部落和地方组织采纳 NIMS。

（3）私营部门和非政府组织。

私营部门和非政府组织在帮助社区做好灾前准备、灾时应急响应和灾后恢复中扮演着重要的角色。所有直接参与应急响应行动的团体，要大力鼓励他们的响应人员接受 NIMS 的培训。

为整合全国各地的应急管理和突发事件响应的实践经验，NIMS聚焦在 5 个关键领域或组件，这些组件共同构成一个完整的突发事件管理体系。

① 备灾。

备灾是有效的突发事件应急管理的基本要素。实现国家备灾需要各级政府、私营部门和非政府组织间的合作。NIMS 备灾包括规划、组织、培训、装备、演练、评估和采取纠正的行动等持续的管理循环。在危机时刻，日常的备灾有助于为灾时的应急响应提供更好的协调。

② 通信与信息管理。

NIMS 提示使用灵活的通信与信息系统，允许所有应急管理和应急响应的合作伙伴建立并保持突发事件的共同行动蓝图。这些NIMS 的组成部分建立在互操作性、可靠性、可扩展性和可移植性的关键概念上，以确保来自不同的学科、司法管辖区、组织和机构的工作人员能够相互沟通。

③ 资源管理。

灾前、灾中和灾后的资源精细化管理是必不可少的。NIMS 描述了标准化的资源管理实践，如分类、库存、组织和跟踪。这些做法让跨司法管辖区的关键资源可以有效共享和集成。

④ 指挥和管理。

NIMS 的指挥和管理组件为有效和高效的突发事件管理和协调提供了一个灵活和规范的突发事件管理结构。该结构由三个主要的组织部分：突发事件指挥系统、多部门协调系统（MCS）和公共信息（PI）。

⑤ 日常管理和维护。

FEMA 的国家集成中心的突发事件系统集成部（IMSI）提供事

件管理系统集成战略方向、前瞻和协调。IMSI 对 NIMS 的概念和原则提供日常的维护和不断细化。

补充材料 3　突发事件指挥系统
(Incident Command System，ICS)

突发事件指挥系统是由地方、州、联邦消防机构设计，旨在提高消防部门应对突发事件的能力。它是一个通用的、适合所有风险的系统，使任何公司或组织在多组织环境下发挥作用。虽然突发事件指挥系统起源于加利福尼亚，但相同的管理概念可以用来应对任何类型和任何地方的事件。使用突发事件指挥系统，任何事件便可以被更有效地管理——从最小的溢油事件到复杂的国家灾难，如地震、洪水、大型工业事故，也同样适用于当地的情况是处于几个司法管辖权的部门共同管理的情况，如工业火灾和危险品事故。

当前有许多国家应急服务机构使用突发事件指挥系统应对紧急情况。在放射性事故现场，放射性应急响应队成员必须了解并能够与一个可以提供适当的建议和协助事故指挥官的 ICS 合作。

（1）简介。

为最大限度地保护生命和财产安全，突发事件指挥系统通过预先建立的指挥结构，减少沟通和协调的障碍问题。指挥结构包括：

● 指挥官；

● 指挥人员；

● 工作人员。

在一个简单事件中，事件指挥官可以管理所有的指挥功能，则包括与媒体合作。当一个事件成为大型或重大危机事件时，或如果事件指挥官无法有效管理指挥功能，则由指挥人员实施。一个"重大危机事件"可以是任何自然灾害或人为事件、内乱、其他任何不同寻常的造成或威胁生命损失的、伤害公民的、造成严重财产损失的突发事件。重大危机事件须要采取特别的措施来保护生命，满足人们的需要，并实现灾后恢复。要想有效地处理一个危机事件，必须考虑"资源的稀缺性"。

因为资源的稀缺性，这就须要：

- 建立目标；
- 设置优先级；
- 分配资源。

在大规模或重大危机事件中，扩展的 ICS 指挥结构具体如下：

- 指挥，包括信息、联络和安全；
- 行动；
- 后勤保障；
- 规划/情报；
- 财务/行政管理。

在 ICS 的指挥功能中，**信息官**负责与媒体工作，为他们提供准确、一致的信息。当**现场指挥官**不能同时管理事件和媒体时，他或她会任命一个**信息官**。**联络官**作为外交官，负责联络协助和协调机构，提供权限、责任和沟通。**安全员**负责确保观察安保程序和安全实践，找出可能存在或潜在的不安全或危险的因素；**安全员**还负责制订保护人员安全的措施，在时间或条件允许的情况下，应立即采取行动予以阻止或防止不安全行为。**行动功能**实现管理战术行动。**规划/情报部门**收集、评价、传播、运用依据事件和资源状况制订行动方案的信息。**后勤保障功能**为开展的计划提供设施、服务和材料。**财务/行政管理**的职能是记录灾难应对和恢复中的资金使用情况，监控所有与事故有关的费用并且提供成本分析。每个主要的功能可以扩展到允许大规模或复杂的事件发生但依然是可控的情况，维持信息有条不紊地持续传递。突发事件指挥系统是一个公认的适用所有风险应急规划和响应能力的基础。

（2）突发事件指挥系统的概念、原则和结构。

在任何应急管理系统中都需要通用术语，尤其是当不同的机构都在共同使用这些术语时。在突发事件指挥系统中，主要的组织功能和单元是预先指定的，系统的术语是标准一致的。

为了防止混淆，当多个事件发生在同一管辖权或在一个无线电频段时，每个事件都应被命名。例如，如果一个事件发生在第 16 区 Rivermont，它可以被称为"Rivermont 指挥"；发生在第 16 区贝灵汉街的事件可以被称为"贝灵汉街指挥"。建立通用名称，可供所有的人员和设备，以及在事件区域的所有设施使用。

ICS 的组织结构起源于任何事件的"第一个"单元。在事故现场五个功能区按照需要发展实施。

通常要建立指挥功能。任何事件的专用 ICS 的组织结构是基于事件的管理需求而定。一个模块化的组织可以扩大或缩小，取决于事件的规模或行动的必要性。

缺乏一个集成的通信系统是重大灾难的最大问题之一。集成通信涉及通过公共的通信计划管理灾时通信。标准操作指南（SOGS）应该使用共同的术语和清晰的文字。为有效地管理事件，有效的双向沟通非常重要，能正确地接受信息也同样重要。

（3）统一指挥。

ICS 是在统一指挥的概念下建成的。在整个事件管理中，统一指挥是多个司法管辖区或多个机构责任分担的结果。在优先顺序冲突、目标冲突或资源稀缺冲突时，必须有一个明确的决策权力主线。

在突发事件指挥体系内，指挥功能可以按以下两个方面实施：

● 单一指挥可以应用在没有重叠的管辖边界，或在一个单一的事件指挥（IC）中由指定的管理机构负责管理事件。

● 统一指挥适用于当事件发生在一个管辖区，但由多个机构管理的情况。也适用于事件发生在多个自然管辖区，每个管辖区分别指派了自己的指挥官和指挥人员的情况。此时事件的指挥人员就由多人构成，由所有指挥人员共同担负管理责任。

统一指挥意味着所有参与机构通过以下几点对指挥过程做出各自的贡献：

- 确定总体目标和任务；
- 共同策划战术行动；
- 进行综合战术行动；
- 最大化利用所分配的资源。

选择的参与者能否在一个统一的指挥结构中有效地工作，取决于事件的位置和类型。

在一个政治管辖范围内，一个统一的指挥结构可以是来自每个司法管辖区或代表几个职能部门的一个关键官员。在统一指挥下实施行动计划是行动部主管的责任。行动部主管通常以最大的司法介入代表政府机构。在统一指挥的概念下，所有参与的机构服务于指挥过程。

每一个突发事件都需要某种统一的行动计划。行动计划可以是书面或口头的，但都应该包括：

- 战略目标；
- 战术目标；
- 整个行动期间所需的支持活动。

指挥部（CP）是指导所有突发事件行动的场所。一般只设置一个指挥部，指挥部负责对突发事件进行指导、控制、协调和资源管理。理论上，指挥部包括：

- 事件指挥官；
- 计划/情报功能；
- 通信中心；
- 所有机构的代表。

然而在一些事件中，一个指挥部聚集所有人是不太现实的。在这种情况下，必须明确指定单独的区域，有时会建立应急行动中心（EOC）。该应急行动中心的目的是提供一个中心位置，可以为任何级别的政府提供对灾难响应和恢复的跨部门协调与行政决策。应急行动中心（EOC）只能提供政策支持和多政府的资源协调，而只有民选官员才能够提供资金的承诺。

北京大学数字减灾与应急管理培训教材

陕西省社区应急管理系列培训教材

成都市社区应急管理系列培训教材

国际应急管理学会教育与培训认证教材